열두 제자 이야기

열두 제자 이야기

1판 1쇄 발행 2022년 12월 19일
　2쇄 발행 2024년 1월 12일

이진경 지음

발행인 | 이　철
편집인 | 김정수
발행처 | 도서출판kmc
　　　　서울특별시 종로구 세종대로 149 감리회관 16층
　　　　(재)기독교대한감리회 도서출판kmc
　　　　전화 02-399-2008 팩스 02-399-2085
　　　　www.kmcpress.co.kr
그림 | 김유리
디자인·인쇄 | 디자인통
Copyright (C) 도서출판kmc, 2022, *Printed in Korea.*

ISBN 978-89-8430-882-4　03230

- 값은 뒤표지에 있습니다.
- 파본은 구입처에서 교환해 드립니다.
- 이 책은 저작권법에 의하여 보호를 받는 저작물이므로 무단 전재와 복제를 금합니다.

열두제자 이야기

이진경 지음

kmc

들어가며

　"나를 따르라!" 하나님 나라 사역을 시작하시면서 예수님은 사람들에게 자신을 따르라고 말씀하셨습니다. 그러자 그 말에 응답하여 예수님을 따르는 이들이 생겨났고 사람들은 그들을 '예수의 제자'라고 불렀습니다. 성경은 예수께서 이들 중 특별히 열두 명을 따로 세우셨다고 전합니다. 그렇게 해서 예수님의 열두 제자들이 탄생하게 되었습니다. 이 제자들은 단지 예수님을 따르기만 한 것이 아닙니다. 예수님은 이들에게 특별한 임무를 맡겨 바깥세상으로 보내시기도 했기 때문입니다. 그리하여 이들은 보내심을 받은 사람이라는 뜻에서 '사도'라고도 불렸습니다. 이 특별하게 선택된 열두 명의 사도 제자들은 예수님의 이야기를 전하는 네 개의 복음서와 사도들의 행적을 전하는 사도행전에서 쉽게 그 모습을 찾아낼 수 있습니다.

　　하지만 복음서와 사도행전에 등장하는 빈도수에 있어서는 이 열두 명이 큰 차이를 보입니다. 예를 들어 베드로, 야고보, 요한, 유다같이 이름이 익숙한 제자들이 있는가 하면 바돌로매나 다대오처럼 이름을 거의 기억할 수 없는 제자들도 있습니다. 유명한 사람들은 이미 잘 알고 있다는 착각 때문에, 무명의 사람들은 알 필요 없다는 선입견 때문에 우리는 의외로 사람들의 실제 모습과 중요성을 놓치는 경우가 많습니다. 어쩌면 예수님의 열두 제자들도 그런 범주에 드는 사람들은 아닐까 하는 의문이 바로 이 책의 출발점입니다. 제자들의 유명도가 그들의 중요도를 의미하지는 않을 것입니다. 열두 명 모두 예수께서 따로 특별하게 세우셨던 제자들이기 때문입니다. 예수님께 특별히 소중한 열두 명이라면 아무리 복음서에 드물게 등장했더라도 그 중요성을 의심할 수 없으며, 이들의 진면목을 아는 일은 매우 중요할 것입니다. 그러므로 이제 우리는 착각과 선입견을 넘어 이 열두 명을 찬찬히 살펴보려고 합니다.

예수 그리스도를 만나 그분을 주로 고백하는 사람을 우리는 주저 없이 '예수님의 제자'라고 부릅니다. 그리고 그렇게 예수님의 제자라 불리는 그리스도인들은 스스로를 하나님 나라 사명을 위해 세상으로 보내심을 받은 주님의 '사도'로 생각합니다. 따라서 예수님 첫 제자들의 참모습을 아는 일은 지금 예수님을 제자로 따르는 우리 모두에게도 매우 중요한 일이 아닐 수 없습니다. 이 열두 명은 우리에게 가장 좋은 본보기가 될 것이기 때문입니다. 성경을 읽다 보면 이 열두 명이 우리와 똑같은 성정을 지닌 사람들이라는 사실이 단박에 드러납니다. 부르심에 응답하여 즉시 예수님을 따르긴 했지만 그 따름의 길 위에서 오해하고 실패하며 불안해하고 절망합니다. 심지어 주님을 의심하고 버리기까지 합니다. 이들의 이런 모습은 지금 우리의 모습과 크게 다르지 않습니다. 그렇기에 우리는 이 열두 명의 제자들을 더욱 주목하게 됩니다. 우리와 똑같은 연약한 성정의 사람들이 어떻게 마침내 복음의 수호자와 전파자가 되었는지, 어떻게 자신과 세상을 변화시켰는지에 대한 단초를 그들의 삶 속에서 발견할 수 있기 때문입니다. 이 책은 바로 이 발견을 위한 작은 시도가 될 것입니다.

열두 명의 제자들을 한 사람씩 다루는 『열두 제자 이야기』는 각각의 제자들을 두 가지 방식으로 조명합니다. 즉 제자들에 대한 모든 글은 두 가지 부분으로 이루어져 있습니다. 첫 번째 부분은 문학적인 상상력으로 고안된 픽션이고, 두 번째 부분은 객관적 연구의 결과물인 넌픽션입니다. 첫 번째 부분에서 독자는 제자 자신의 목소리나 제자 주변인의 목소리를 통해 제자들을 만나게 됩니다. 이때 사용된 문학적 상상력은 독자가 제자들의 심정에 직접 다가갈 수 있게 도울 것입니다. 문학적 상상력이라 했지만 당연히 그 상상의 범위는 최대한 사실의 근거를 벗어나지 않도록 주의했습니다. 독자는 두 번째로 이어지는 제자들에 대한 객관적 설명을 통해 곧바로 앞부분에 사용된 상상력의 근거를 발견할 것입니다. 이처럼 두 번째 부분에서는 성경 안과 밖의 자료들을 근거로 제자들의 모습을 세밀하게 재구성하기 위해 노력했습니다. 예수님 부활 이후 제자들의 행적에 대해서는 외경이나 전설들에서 그 흔적을 찾아 소개하기도 했습니다. 책의 마지막 부분에서는 열두 제자들의 이야기를 마치면서 열둘에 들지 않았던 다른 제자들도 생각해보고자 했습니다. 특별히 성경을 통해서는 잘 드러나지 않는 예수님의 여성 제자도 함께 다루어 보았습니다. 교회와 사회의 현재 상황을 생각해볼 때 가장 중요하다고 여겨지는 부분 중 하나였기 때문입니다.

이 책의 출발점은 감리회 기관지인 〈기독교세계〉에 1년간 연재

되었던 '열두 제자 이야기'입니다. 처음 〈기독교세계〉로부터 원고 의뢰를 받았을 때, 어떤 식으로 열두 명의 제자들을 소개하면 좋을까 고민하다가 문득 떠오른 것이 존 윌리엄스의 장편소설 『아우구스투스』였습니다. 미국의 소설가 존 윌리엄스는 그리스도교 역사와도 관련 있는 로마 황제 아우구스투스의 일대기를 다루면서 아우구스투스 주변인들의 편지와 회고록이라는 독특한 방식으로 소설을 구성했습니다. 이 책의 첫 번째 부분에 해당하는 문학적 형식은 마침 감명 깊게 읽었던 존 윌리엄스의 책에서 아이디어를 빌려온 것이라 할 수 있습니다. 편지와 회고록, 보고문 등을 통해 제자들의 상황과 마음을 전하려 했던 글들을 편집부에서 좋게 보아주셔서 단행본으로 발전시킬 것을 제안해주셨고, 이후 제자들에 대한 자세한 설명을 첫 부분에 덧붙여 완성한 것이 이 책입니다. 부족한 글들을 책의 모양으로 이끌어주신 도서출판kmc 편집부에 이 자리를 빌려 깊은 감사의 마음을 전합니다.

　　책을 읽게 될 독자들이 이 책을 통해 예수께 조금이라도 더 가까이 갈 수 있다면 얼마나 좋을까 생각해봅니다. 이 책이 예수님의 첫 번째 제자들을 이해하는 데, 또 그를 통하여 지금의 제자들인 우리 자신을 이해하는 데 작은 도움이 되기를 소망합니다.

2022년 12월

이 진 경

차례

들어가며 4

PART 1 **베드로**
　　　　베드로의 마지막 편지 12
　　　　사람은 변한다 18

PART 2 **도마**
　　　　도마의 회고록 32
　　　　이성과 신비 사이에서 38

PART 3 **빌립**
　　　　빌립의 회고록 52
　　　　이름 속에 담긴 비밀 58

PART 4 **유다**
　　　　유다의 최후 보고서 72
　　　　이유 있는 배반? 78

PART 5 **마태**
　　　　마태의 일기 92
　　　　직업에 귀천은 있다 98

PART 6 바돌로매
    아르메니아에서 보내는 므낫세의 편지 112
    이름 없이 빛도 없이 118

PART 7 안드레
    안드레의 이야기 132
    조용한 사람이 큰 사고를 친다 138

PART 8 다대오
    다대오의 독백 152
    아무라도 좋은 사람들을 위한 사도 158

PART 9 알패오의 아들 야고보
    알패오의 아들 그의 정체에 관한 보고 172
    존재감의 극단을 오가다 178

PART 10 열심당원 시몬
    열심당원 시몬의 인터뷰 192
    조국의 투사에서 예수의 투사로 198

PART 11 야고보와 요한
    야고보와 요한, 그들의 마지막 이별 212
    형제는 용감했다 218

나오며_ 막달라 마리아, 부록 또는 결론 230

PART 1
베드로

베드로의
마지막 편지

♦

주님 오신 후 64년, 로마에서 보내는 편지

"시몬, 당신은 정말 돌 같은 사람이에요. 앞으로 당신을 돌이라고 부르겠어요." 장난기 어린 웃음을 머금고 그분이 말씀하셨을 때 심지어 난 속으로 우쭐대고 있었다네. 아하, 나의 단단함을 이제야 알아봐 주시는구나, 나의 변치 않음을 드디어 인정해 주시는구나, 이렇게 생각했지. 그때나 지금이나 난 늘 돌처럼 어리석은 사람이네. 아마 내가 자네 나이쯤이었을 거야. 한창 혈기왕성하던 때, 세상 두려울 게 없는 나이에 우리 민족을 구원할 진짜 메시아를 만났다고 생각했으니 왜 안 그랬겠나. 당시 그분의 행동이나 가르침에는 다소 이해할 수 없는 부분이 있었고, 마음에 들지 않는 부분도 꽤 있었지만 목전으로 다가온 영광에 그런 사소한 것쯤은 대수롭지 않게 여겼다네. 거칠 것 없이 예루살렘으로 행진하고 난 후의 일들은 자네가 알고 있는 그대로일세. 모든 것을 끝장낼 거라고 생각했는데, 정작 끝장 나버린 건 바로 나 자신이었지.

내 입으로 세 번이나 그분을 모른다고 할 줄은 정말 꿈에도 몰랐네. 지금도 그때만 생각하면 악몽을 꾸는 것처럼 등골이 오싹해지고 머리털이 곤두서는 것을 느껴. 벌써 30년도 넘었는데 늘 바로 지금처럼 생생하지. 내가 그럴 거라고 그 밤에 말씀해 주셨을 때에도 난 '당신, 단단히 착각하고 있군. 내가 어떤 사람인지 분명히 알게 해주지.'라고 생각했어. 추위를 녹이며 불 가에서 두 번이나 모른다고 할 때까지도 난 내가 무슨 행동을 하는지 몰랐네. 세 번째 부인하고 삼경을 끝내는 나팔소리[1]가 울렸을 때 비로소 그분의 말이 떠올랐지. 새벽이 오기 전 가장 깊은 밤의 시간, 바로 그것이 내 영혼의 시간이었어. 그 흑암은 쉽사리 걷히지 않았네. 주님께서 부활하신 후에 해변에서 배반의 때처럼 똑같이 불을 피워놓고 내게 세 번이나 사랑하냐고 물으시면서 그때의 배반을 회복시켜 주셨다는 얘기는 자네도 알고 있겠지? 그래, 그때 치명적인 상처는 치유를 받았어. 하지만 상처가 치유되었다고 기억까지 없어진 것은 아니었네. 흉터는 그 이후에도 내 영혼에 깊고 길게 남았지. 아주 깊고, 아주 길게.

그분의 동생 야고보가 처음 생긴 교회의 주도권을 장악했을 때 자넨 내게 주님의 수제자이면서 왜 책임을 회피했냐고 비난했었지. 야고보가 교회의 지도자 노릇 하는 것을 자네가 아주 못마땅하게 여겼던 것 역시 잘 기억하고 있네. "선생님, 어떻게 그 사람이 교회의 머리가 되는 걸 지켜보실 수가 있으십니까? 막으셨어야죠. 주님과의 연관성이라는 게 고작 생긴 것만 닮았다는 것뿐인 사람을!" 자네는 야고보가 주님 살아생전에는 그분을 배척했던 가족의 일원이었고, 또 단지 그분의 동생이라 생김새와 목소리가 닮았다는 것 외에는 존경할 만한 점이 없다며 내가 적극적으로 반대하지 않은 사실을 이해할 수 없다고 했지. 이제

---

[1] 베드로의 부인과 관련하여 복음서에 묘사된 '닭 울음'은 고대 문헌자료들을 살펴볼 때 실제의 닭 울음이 아니라 야경(夜警)과 관련된 시간의 별칭일 가능성이 크다. 즉 '닭 울음'은 삼경을 끝내는 오전 3시경의 나팔소리를 말하는 것으로 추측된다.

와서야 하는 말이지만 나도 야고보가 교회를 위한 최적의 인물이라고 생각한 건 아니었어. 그렇게도 닮은 형제였으니 주님의 흉내를 곧잘 내고 또 그것으로 사람들을 감동시키는 재주도 뛰어났지만 여러 가지 면에서는 부족한 점이 많았지. 바울과 공식적으로 합의했던 선교지 분할을 공공연하게 어기곤 해서 바울을 화나게 한 점도 잘 알고 있네. 자네 심정을 이해 못할 바도 아니었지만, 내가 거절했던 이유는 그 때문이 아니라 나 때문이었네. 나는 감히 주님의 교회의 머리가 될 자격이 없는 사람이었으니까.

안디옥에서 바울이 전도한 이방인들과 식사를 하던 중에 야고보가 보낸 사람들이 오는 걸 보고 자리를 피한 것도 야고보와 불필요한 마찰을 일으키고 싶지 않았기 때문이야. 야고보는 질투심이 많은 사람이었으니까. 그 일 때문에 바울이 노발대발 화를 내고 그와는 평생 풀지 못할 오해를 사고 말았지만, 당시로서는 어쩔 수가 없었네.[2] 예루살렘교회에 두 머리가 있어서는 안 되었으니까. 야고보의 교회가 흔적도 없이 사라지고 바울의 교회들이 주님의 진정한 복음을 실어 나르는 지금에 와서 생각해 보면 그때 그럴 필요가 있었을까 싶지만, 어쨌든 그때 내 마음은 그랬네. 주님의 수제자라는 명분과 영향력이 있는 나로 인해 권력 다툼이 생기는 건 원치 않았으니까.

지난 편지에서 자네는 가장 기억에 남는 그분과의 추억이 무언지 알고 싶다고 했었지. 아마도 자네는 다른 사람들은 미처 모르는 아름

---
2   갈 2:11~14

답고 사적인 일화를 기대했을 거야. 물론 그런 순간들이 없지는 않았지만 그분을 떠올릴 때마다 내게 가장 깊이 새겨진 기억은 여전히 바로 그 밤, 세 번째 부인의 순간이라네. 내가 세 번째 아니라고 말하던 바로 그 순간 그분은 천천히 몸을 돌려 나를 똑바로 바라보셨지.[3] 아주 천천히 몸을 돌리면서 내 눈을 똑바로 쳐다보셨어. "내 말이 맞죠?" 그 눈빛은 마치 내게 그렇게 말하는 것 같았어. 뭐라 말할 수 없이 쓸쓸하고, 뭐라 말할 수 없이 담담하게, 그 눈빛은 또 내게 이렇게 말을 걸었네. "괜찮아요. 괜찮아." 차라리 그 눈빛이 분노로 가득 차 있었더라면 내 마음이 지금도 이렇게 아프지는 않았을 걸세. 그 눈빛은 결국 나를 완전하게 부숴버렸어. 그래, 그 눈빛이야말로 나를 지금의 나로 만들었고, 그 이후의 내 모든 행동을 지시해 주었다네.

나를 위해 온 교회가 함께 기도해 준다는 자네의 소식이 내게 큰 위로와 힘을 준다는 사실을 꼭 전하고 싶네. 이번에도 하나님의 은혜로 기적같이 풀려날지 누가 알겠냐며 애써 웃으며 얘기하던 자네의 모습이 눈에 선하군. 그렇게 말하면서도 정작 불안하고 안타까운 표정을 감추지 못하던 자네의 애정이 고맙고 미안하네. 하지만 자네나 나나 분명하게 알고 있듯이 내게 살 날이 얼마 남지 않았다는 사실은 너무나도 분명하네. 신비한 예언의 능력이 없더라도 그쯤은 삼척동자라도 알 수 있지. 네로에게는 본보기가 필요할 거야. 새로 생긴 신흥종교를 희생양 삼아 자신의 오점을 감추고 그 더러운 황제의 권력을 다질 기회를 그 여

3 　눅 22:61

우가 왜 그냥 흘려보내겠나. 아마 십자가형에 처하겠지. 요즘의 내 고민은 바로 이 처형에 관한 것이라네. 죽음에 대한 두려움 따위가 있을 리 없네. 어차피 나는 그 배반의 밤에 이미 죽었고 지금의 삶은 덤으로 사는 것이니까. 더구나 죽음을 이기신 그분을 친히 눈으로 본 특권을 누린 사람에게 죽음에 대한 두려움은 그야말로 사치 아니겠나. 나의 고민은 죽음에 대한 두려움이 아니라 십자가의 죽음에 대한 것일세. 내가 과연 주님과 같은 처형을 받는 영광을 누려도 되는 것일까, 이런 내가? 요즘은 온통 그 생각뿐이라네.

죽음이 가까워지고 동지도 가까워지니 그 깊은 어둠의 날이 더욱더 생각나는군. 하지만 내 삶을 보면 확실한 게 한 가지 있네. 가장 깊은 어둠을 지나야 태양이 뜨고, 가장 긴 밤의 날들을 지나야 마침내 생명의 봄이 온다는 사실. 그분께서 자신이 태어난 날에 대해 말씀해 주신 적은 없는데 만일 그분의 생일을 정하여 기념한다면 요맘때쯤이 딱 좋을 것 같다는 생각이 드는군. 해놓고 보니 실없는 소리 같네만 힘없는 늙은이의 마지막 농담쯤으로 생각해 주게나. 다음 편지를 기약할 수 있을지 알 수 없으니 마지막으로 자네에 대한 애정을 여기에 분명하게 적어 놓네. 부디 주님의 일에 계속 힘써 주게나. 주님의 은혜와 평화가 자네와 영원히 함께하시길.

사람은 변한다

───────◆───────

성경 속 베드로 다시 보기

교회를 다니던 다니지 않던 베드로라는 이름을 모르는 사람은 없을 것입니다. Peter, Pedro, Pietro 등 서양에서 즐겨 사용하는 이름은 바로 이 제자의 이름을 딴 것입니다. 그만큼 베드로는 예수님의 제자 중 가장 유명한 제자입니다. 수제자라는 수식어가 늘 붙어 다닙니다. 지금도 로마를 여행하는 이들이 반드시 들르는 성 베드로 성당은 이 사람의 무덤이 있다고 믿는 곳에 지어졌습니다. 가톨릭교회는 다른 제자들을 제쳐두고 베드로만을 제1대 교황으로 인정하고 성 베드로 성당을 전 세계 가톨릭교회의 본산으로 삼습니다.

예수님의 수많은 제자들 중 특별히 선발된 열두 명의 제자들을 '사도(apostle)'라고 부릅니다. 예수님은 이 12사도 중에서 특별히 셋을 편애하셨는데 그들이 바로 베드로와 형제 제자인 야고보, 요한이었습니다. 이 삼인방 중에서도 베드로는 단연코 비교 불가 탑이었습니다. 예수께서 특별히 그에게만 천국 열쇠를 주겠다고 약속하셔서 그림이나 조각에서 늘 열쇠를 들고 등장하는 제자로, 말하자면 베드로는 사도들 중에서도 으뜸가는 사도였습니다.

돌같이 무모하고 투박한 사람

베드로에 대해 자세히 알아보기 위해 신약성경 여러 곳에 흩어진 묘사들을 살펴보면 다음과 같은 사실들을 알아낼 수 있습니다. 먼저 베드로는 그의 이름이 아니라 별명입니다. 그의 본명은 흔한 이스라엘 사람 이름인 시몬입니다. 예수님은 시몬에게 '게바', 즉 바위 또는 반석이라는 별명을 지어주십니다. 아마도 그의 성격이 좀 돌 같은 데가 있지 않았나 싶습니다. 게바는 예수님 당시에 이스라엘에서 사용하던 언어인 아람어 단어입니다. 그런데 신약성경은 이 아람어가 아니라 당시 그레코로만 시대의 세계 공용어인 고대 그리스어 또는 헬라어로 기록되었습니다. 그래서 성경에는 게바를 그리스어로 번역한 단어가 실렸습니다. 아람어 게바를 그리스어로 번역한 단어가 바로 베드로입니다.

신약성경에 등장하는 여러 이야기를 종합해볼 때 그는 매우 거칠고 투박하고 다혈질이었습니다. 섬세와 세심, 젠틀, 부드러움과는 거리가 멀었습니다. 심지어 스승이신 예수님에게 비난성 돌직구를 날리기도 했습니다. 가이사랴 빌립보에서 예수님이 제자들을 모아놓고 "당신들은 메시아가 왕이 되고 영광을 누린다고 생각하겠지만 메시아는 고난을 받아야 합니다."라고 말씀하셨습니다. 그랬더니 베드로는 그런 말씀을 하시면 어떻게 하냐며 예수님을 야단쳤습니다.(이 장면을 우리말 성경들은 베드로가 예수님께 항의했다 혹은 말렸다고 에둘러 부드럽게 번역했지만 원래 사용된 그리스어는 다음 장면에서 "예수께서 베드로를 꾸짖으셨다."라는 문장에 쓰인 '꾸짖다'와 똑같은 단어입니다. 그러니까 베드로는 예수님께 정신 차리시라며 꾸짖은 것입니다.) 매우 급하고 거친 사람, 긴 생각 없이 즉시 말하고 행동하는 사람, 베드로는 한 마디로 돌이었습니다. 성경에서는 베드로가 예수님을 메시아로 고백했을 때 예수께서 처음으로 베드로, 즉 반석이라고 부르시며 이 반석 위에 교회를 세우겠다고 말씀하셨다 전하지만, 아마도 이 별명은 그의 성격 때문에 일찌감치 붙여진 것 같습니다. 그는 이렇게 돌같이 무모하고 투박한 사람이었습니다.

돌같이 진솔하고 굳건한 사람

그러나 모든 기질이 그렇듯 돌 같은 성격이 단점으로만 작용한 것은 아닙니다. 복잡하게 머리 쓰지 않는 사람은 대개 순진하고 곧은 마음을 지녔습니다. 베드로 역시 잔머리를 쓰지 않는 사람 특유의 순박함과 솔직함, 진실함을 갖추었습니다. 그는 끝까지 예수님에 대한 인간적인 의리를 놓지 않았습니다. 예수님이 십자가에 달려 돌아가시기 위해 체포되기 직전부터 이미 다른 제자들은 예수님에게서 마음을 돌렸습니다. 처음에는 다들 예수님이 이스라엘과 자신들의 거대한 꿈과 희망을 이루어주시리라고 믿고 따라다녔지만 마지막 순간에는 모두 실망하고 스승을 버렸습니다. 베드로라고 실망하지 않았을 리 없습니다. 베드로는 대의나 명분에서는 실망했을지언정 끝까지 인간적인 의리를 지켰습니다. 스승을 체포하려던 자들에 맞서 스승 곁에서 최후의 저지선으로 칼을 휘두르기도 했고, 체포된 스승이 심문 받는 자리까지 몰래 따라가 그와 함께하려 했습니다. 비록 거기서 예수님을 세 번 부인했지만 그는 그 자리에까지 예수님을 따랐던 유일한 제자였습니다. 다른 제자들 모두 예수를 일찌감치 버렸는데 그는 최후까지 의리를 지켰습니다. 그는 돌같이 진솔하고 굳건한 사람이었습니다.

자신만만하던 사도에서 교회의 이인자로

그런데 나서기 좋아하고 자신만만하며 단순하고 저돌적인 베드로가 어느 순간부터 전혀 다른 모습으로 변했습니다. 그 전환점은 예수님의 부활과 그로 인한 교회의 탄생 시점입니다. 예수께서 부활하시고 예수를 믿는 사람들의 모임인 교회가 처음 생겨나면서부터 베드로의 모습은 이전과 사뭇 달라 보입니다. 일단 처음 생겨난 교회에서 그가 어떤 지위를 차지하였는지 성경을 통해 자세히 살펴보면 교회가 생겨나고 발전하는 데 예상과는 많이 다르게 진행되었다는 사실을 추측할 수 있습니다. 현재에도 전 세계 가톨릭교회의 수장인 베드로이니 교회가 처음 생겼을 때에도 당연히 그랬지 않았을까요? 예수님이 이 반석 위에 교회를 세우겠다고 하셨으니 당연히 베드로가 교회의 중심이 되고 근거가 되는 지도자가 아니었을까요? 그런데 아니었습니다. 당연하고 마땅해 보이는 베드로가 아니라 갑자기 뜬금없는 인물이 등장해 교회의 지도자로 우뚝 섰습니다. 그의 이름은 야고보였습니다.

이스라엘 사람들은 몇 개 안 되는 이름을 돌려쓰는 관계로 동명이인이 무수히 많습니다. 그래서 흔히 누구의 아들 아무개, 어디 출신 아무개 등으로 불립니다.(예를 들어 예수라는 이름도 당시에는 매우 흔했습니다. 그래서 여러 지방을 두루 다니며 전도하는 예수님을 사람들은 나사렛 출신의 예수, 즉

베드로는 교회의 수장 자리를 내어주고
이인자를 자처합니다.

베드로

나사렛 예수로 불렀습니다.) 이런 맥락에서 교회의 처음 지도자였던 야고보는 그의 정체를 추측하기가 매우 어려운 인물입니다. 야고보라는 이름이 성경에 수없이 나오지만 새롭게 등장한 교회 지도자와 매칭되는 야고보의 전 역사는 거의 찾을 수 없습니다. 그는 예수님의 제자들 중 하나도 아니었고 예수님의 생전 이야기를 다룬 네 개의 복음서에서도 그에 관한 이야기를 찾을 수 없기 때문입니다. 유일한 단서는 그의 이름에 붙은 별칭입니다. 이 별칭은 무려 '주님의 형제'였습니다.

학자들은 먼저 '주님의 형제'를 별명으로 볼지 사실관계로 볼지 고민했습니다. 사실관계라면 이 사람은 예수님의 친형제입니다. 그렇다면 복음서에 예수님의 형제들 이름이 언급될 때 등장한 사람이라는 얘기입니다. 사실관계가 아닌 단순 별명이라면 예수님의 형제라 불릴 만큼 외형이 닮았지만 친형제는 아닌 누군가입니다. 어려운 선택이지만 그래도 친형제 쪽에 한 표를 던지고 싶습니다. 예수님의 친형제라면 야고보가 예루살렘에 처음 생겨난 교회의 지도자가 된 것이 어느 정도 납득이 되기 때문입니다.

사실 복음서들이 그리는 형제들의 인상은 야박하기 그지없었습니다. 형제들은 예수님이 미쳤다고 생각했고 예수님도 "누가 나의 형제들입니까? 하나님의 뜻을 행하는 사람들이 내 형제입니다."라고 정색하셨다고 전합니다. 하지만 이들도 변하긴 변한 모양입니다. 예수님의 부활과 성령의 강림, 사도들의 행적을 다룬 사도행전에서는 이 형제들이 예수님의 어머니 마리아와 함께 제자들과 있으면서 성령이 내리기를 기다리고 있었다고 하니까요. 어쨌든 갑작스럽게 등장한 주님의 형제 야고보는 교회 정치 내에서 급속도로 주도권을 거머쥔 모양입니다. 하긴, 야고보가 하는 얘기를 멀리서 봤다면 실제로 예수님과 생활하고 예수님을 직접 만나고 겪었던 사람들은 마치 예수께서 친히 말씀하시는 기분을 느꼈을 것입니다. 말투든 행동거지든 형제는 닮는 법이니까요. 별것 아닌 것 같지만 이런 점들 역시 그가 교회 내에서 특별한 아우라를 얻는 계기가 되었을 것입니다.

사도 바울 역시 예루살렘 교회의 지도자로 야고보를 인정했습니다. 베드로와 다른 사도들에 대한 인정은 예우의 차원이었지 실제적인 교회 권력의 차원에서는 아니었습니다. 바울이 이방인 교인들도 할례 없이 주님의 교회에 받아들여야 한다는 문제로 예루살렘의 유대인 교인들과 열띤 토론을 벌였을 때, 모든 토론을 종료하며 최종 결정을 내린 사람 역시 주님의 형제 야고보였습니다. 베드로는 결국 이인자 자리에 있었을 뿐입니다. 심지어 베드로는 안디옥에서 바울과 함께 이방인들과 식사하다가 야고보가 예루살렘에서 보낸 사람들이 왔다는 소식을 듣고 급히 식사 자리를 떠서 바울에게 분노를 사기도 했습니다. 불같은 성격의 바울은 베드로에게 위선자라고 고래고래 소리를 질렀던 모양입니다. 일인자의 눈치를 보는 이인자의 전형적인 모습을 보여준 셈입니다.

겸손한 모습으로 예수님의 뒤를 따르다

그렇다면 베드로는 세력 다툼 끝에 야고보에게 패배해 이인자로 전락한 것일까요? 성경에 비춰볼 때 이것은 사실이 아닙니다. 예전의 그였다면 베드로는 치고받는 싸움을 즐겨했을 것입니다. 사람들 앞에 나서기 좋아하고 맨 앞에 서기 좋아했던 예전 모습이었다면 충분히 그랬을 것입니다. 새로 생겨난 교회의 일인자를 자처하며 그 자리를 다른 사람들이 차지하는 것을 용납하지 않았을 것입니다. 내가 베드로인데 감히 누가 이 교회의 수장 자리를 차지하려 든단 말인가? 아마도 그런 마음이었겠지요. 하지만 지금의 베드로는 완전히 변했습니다. 그는 이름만 돌이었지 전혀 돌이 아니었습니다. 아니, 순수하고 우직한 돌의 모습만 남기고 다른 모습들은 모두 버렸습니다. 한 마디로 그는 겸손한 사람으로 변했습니다.

겸손한 모습을 가장 극적으로 드러내는 일화는 그의 십자가 처형 이야기입니다. 예수님의 이야기나 사도들의 이야기에 관해서는 성경 밖에도 많은 원천들이 있습니다. 성경에서는 전혀 찾아볼 수 없는 예수님이 어렸을 때 진흙으로 새를 빚어서 날려 보냈다는 얘기라든가, 막달라 마리아가 예수님의 연인이었다든가 하는 얘기들이 그것입니다. 하지만 이런 이야기를 담은 자료들은 훨씬 후대에 나타났고 사람들이 원하는 모습을 그린 것들이 많아 역사적 진정성을 담았다고 보기는 어렵습니다. 그래서 이런 자료들을 성경 밖 문서라고 해서 외경(外經)이라고 하고 창작된 내용이 태반이라 위경(僞經)이라고도 부릅니다. 베드로의 죽음 이야기 역시 이런 외경에 등장하는 이야기입니다. 로마에 있던 베드로는 교회를 향한 박해가 시작되자 교회를 위해 우선 몸을 피하라는 충고를 받아들여 변장하고 로마를 떠납니다. 그런데 로마를 등지고 떠나가던 베드로는 반대편에서 로마를 향해 걸어오시는 예수님을 만납니다. 베드로는 묻습니다. "어디로 가십니까, 주님?" ["어디로 가십니까?"에 해당하는 라틴어 문장 '쿠오 바디스(Quo vadis?)'는 이후 소설과 영화의 제목으로 유명해졌습니다.] 그러자 예수님이 대답하십니다. "십자가에 못 박히러 로마로 들어갑니다." 그러자 베드로는 다시 묻습니다. "주님, 다시 십자가에 못 박히시는 겁니까?" 그 말에 예수님은 대답하십니다. "그렇습니다, 베드로. 나는 다시 십자가에 못 박힐 것입니다." 이 말을 듣고 베드로는 퍼뜩 정신을 차립니다. 박해를 피해 훗날 교회의 성장과 발전을 도모할 것이 아니라, 지금 당장 교회를 위해 순교해야 함을 깨달은 것입니다. 이 깨달음과 함께 기쁨과 찬양으로 로마로 돌아온 베드로는 체포되어 기꺼이 십자가 처형을 당합니다. 그리고 자신을 처형하는 사람들에게 십자가에 거꾸로 못 박아달라고 부탁하지요.

이 장면은 베드로에 관한 모든 이야기 중에서 그의 겸손함을 가장 잘 표현한 장면입니다. 비록 외경에 담긴 전설에 불과할지라도 모든 전설이 그러하듯 이 전설 역시 역사적 흔적을 지녔을 것입니다. 그의 말년, 그의 성품에 대한 역사적 흔적 말입니다. 그는 야고보에게 기꺼이 수장 자리를 내어줍니다. 야고보의 권위를 인정하고 스스로 이인자를 자처합니다. 그리고 겸손한 모습으로 이름도 빛도 없이 예수님의 뒤를 따릅니다. 그를 이렇게 변하게 만든 결정적 사건은 무엇이었을까요?

영혼을 뒤흔든 충격적인 경험

사람들은 성령이 그를 변화시켰다고 쉽게 말합니다. 성령을 변화의 만능열쇠처럼 생각하나 봅니다. 성령만 받으면 뭐든 할 수 있고 뭐든 될 수 있는 것처럼요. 그러나 과연 그렇던가요? 성령을 경험한 저나 여러분에게 나쁜 성질들이 다 사라지고 겸손과 무한 사랑으로 무장한 인간으로 변하는 기적이 일어났던가요? 물론 성령의 감동으로 짧은 시간 좋은 사람이 되기도 하지만 그게 그렇게 오래 지속되지 않는다는 사실을 우리는 경험으로 알고 있습니다. 교회에서 말씀과 찬양으로 은혜 충만하여 집으로 돌아오는데 갑자기 끼어든 차에 욕설이 튀어나오는 게 사람이니까요. 사람은 쉽게 변하지 않습니다. 예수님을 믿게 되었다고 악한 기질이 완전히 변하거나 나쁜 성격과 습관들이 한순간에 고쳐지지는 않습니다. 지난한 변화를 위한 길고 긴 여정에 들어설 뿐이지요.

그러나 아주 간혹 사람을 획기적으로 변화시키는 결정적인 순간들이 있습니다. 인생에서 잊지 못할 충격적인 경험 같은 것이지요. 성령을 받았다는 사실 이외에 베드로에게 일어난, 그의 영혼을 뒤흔들 정도로 가장 충격적인 경험은 무엇이었을까요? 아마도 자신이 가장 사랑했던 사람을 세 번의 확인사살과 함께 부인했던 사실이었을 것입니다. 비극의 밤에 일어난 짙은 배신의 기억 말입니다.

오늘 밤 세 번 나를 부인할 것이라는 스승의 말씀에 베드로는 자신만만하게 이의를 제기합니다. "선생님, 나를 모르시는군요. 다른 사람들은 다 그럴지 모르지만 저는 절대로 그런 사람이 아닙니다. 한 번 입으로 내뱉은 말은 지옥 끝까지 가지고 가는 사람입니다. 저는 선생님의 말처럼 돌 같은 사람이니까요." 그는 다른 제자들과 다르게 끝까지 자신의 스승을 따랐습니다. 자신의 기대를 저버린 스승이었지만 자신의 맹세를 끝까지 지키고자 했습니다. 그러나 배신의 때는 그를 놓치지 않았습니다. 사실 그가 행한 배신은 크지도 심각하지도 않았습니다. 베드로 자신도 눈치채지 못할 정도의 별 볼 일 없는 사람들의 말에 대한 사소한 부인이었습니다. 하지만 아무리 작은 죄도 죄이듯 아무리 작은 배신도 배신이었습니다.

성경은 닭 울음소리와 함께 베드로가 이 작은 배신을 깨달았다고 전합니다. 많은 영화들에서 이 장면은 꼭 새벽닭의 울음소리와 함께 묘사됩니다. 하지만 여기서의 닭 울음은 실제 닭이 내는 울음소리가 아니라 로마시대의 야간경비 시간을 알리는 나팔소리를 가리키는 표현입니다. 로마시대에는 대략 저녁 6시부터 새벽 6시까지를 네 개의 야간경비 시간으로 나누었고, 여기서 특별히 '두 번째 닭 울음'은 세 번째 경비시간인 삼경(三更)을 끝내는 나팔소리를 가리키는 관용적 표현이었습니다. 지금의 시간으로 치면 새벽 3시쯤입니다. 그러니까 이 배신의 깨달음은 동틀녘 밝아오는 햇빛과 함께 일어난 사건이 아니라 새벽 3시 캄캄한 어둠과 함께 일어난 사건입니다. 이 시간이 지니는 상징은 심대합니다. 왜냐하면 이 시간은 아직 새벽이 오기 전 밤이 가장 깊은 시간이기 때문입니다. 그 어떤 빛도 없는 시간, 가장 강력한 어둠의 시간, 이것은 베드로의 영혼이 떨어진 나락의 깊이를 표현하는 시간입니다. 베드로의 영혼은 철저한 어둠의 밑바닥을 경험합니다. 그리고 그는 통곡합니다. 바닥의 경험이야말로 그를 변화시킨 진정한 원동력이었습니다. 마침내 자신의 밑바닥을 보고 부활하신 예수께서 보여주신 사랑을 경험한 베드로는 완전히 다른 사람으로 변했습니다.

영혼의 흉터는 사람을 겸손으로 이끈다

사랑과 용서를 경험했다고 해서 그의 배신의 기억도 함께 사라진 것은 아닐 것입니다. 비록 배신의 상처는 아물었을지 모르지만 결코 지워질 수 없는 기억이라는 흉터는 그의 영혼에 더욱 깊이 새겨졌을 것입니다.

은혜가 깊을수록 죄는 더 커 보이는 법이고 용서가 클수록 배신이 더 커 보이는 법이니까요. 영혼의 흉터는 성흔(聖痕)이 되어 그를 겸손으로 이끌었을 것입니다. 어쩌면 당연히 그에게 주어질 교회의 수장 자리를 야고보가 차지하도록 내버려둔 것도 그런 이유에서가 아니었을까요? 자신은 그 어떤 자격도 없다는 생각, 자신은 가장 깊었던 저 밤의 어둠 속에서 이미 죽어버렸다는 생각, 그리하여 이제 내가 사는 것은 내가 아니라 내 안의 그리스도께서 사는 것이라는 생각, 한 마디로 겸손의 모습이 그의 남은 삶을 지배하지 않았을까요? 그의 한없는 겸손의 모습이 마침내 거꾸로 십자가에 못 박히도록 요구했다는 전설로 이어졌을지도 모릅니다.

    사람은 과연 변할 수 있을까요? 거의 불가능하지만 어쩌면 그럴 수도 있다고 예수님의 모든 제자들에 앞섰던 베드로가 가르쳐줍니다.

PART 2
도마

도마의
회고록

보지 않고 믿어야 할 사람들을 위하여

인도에 온 지도 어느덧 20년이 다 되어간다. 이제까지는 무슨 기록을 남겨야겠다는 생각 없이 그저 주님의 일에만 전념해 왔는데, 쏟아 부은 노력에 비해 진전이 보이지 않으니 아마도 주님은 나를 씨 뿌리는 자로만 사용하시려는가 보다. 그렇다면 나는 앞으로 물을 주고 열매를 거둘 미래의 하나님의 사람들을 위해 지금까지 내가 해온 일들을 적어 남겨야 할 의무가 있다.

이곳은 그야말로 세상의 모든 신들을 다 모아놓은 듯하다. 이 땅에서 섬기는 신들의 수에 비하면 우리 세계가 속한 지중해 연안의 신 제우스나 그 주변 신들의 숫자는 그야말로 단출하기 그지없다. 수많은 우상의 사제들은 나의 세계에서도 그러는 것처럼 신비로운 능력과 기적을 통하여 우매한 백성들을 거짓 신들에게 복종시킨다. 그리고 여기 사람들 역시 내가 살았던 세계의 사람들과 똑같이 신비와 기적에 현혹되고 눈이 가려져 자신도 모른 채 멸망의 길로 빠져든다. 신비와 기적은 이성과 무관하게 언제나 어디서나 감정만을 자극하고 도발할 뿐이다. 신비와 황홀경을 따라 사는 사람들이 단단하고 구체적인 삶을 제대로 살아가는 것을 본 적이 없다.

도대체 왜 사람들은 하나님께서 주신 이성을 사용하여 진리에

도달하려고 노력하지 않을까? 하나님의 뜻을 탐구하고 사색하여 그 뜻을 따르려 하지 않고, 마귀로부터인지 천사로부터인지 근원도 모르는 신비로운 능력에 빠져드는 것일까? 하긴 이런 일은 우상들을 섬기는 사람들에게만 해당되는 일은 아니다. 하늘과 땅을 지으신 하나이시고 유일하신 우리 주 하나님을 섬기는 계약의 백성들도 예외는 아니니까.

　　　　나의 고향, 참 신을 섬기는 땅의 사람들 역시 언제나 기적과 신비에 목말라했다. 모세, 사무엘, 엘리야, 엘리사……. 선지자들이 보여준 성경의 기적들을 달달 외우면서 우리를 구원해 줄 메시아를 기다렸고 그가 보여줄 기적들을 갈망했다. 마치 참 메시아의 증거는 그가 보여줄 기적에 달려 있다는 듯 수없이 나타나는 메시아들에게 그들은 표적을 요구했고 기적을 기대했다. 놀라운 기적을 보여주었던 수없이 많은 메시아들이 실패하는 것을 보면서도 그들은 문제는 기적이 아니라 사람에게 있다는 맹신을 굽히지 않았다. 마침내 나의 주님 예수께서 나타나셨을 때 역시 사람들은 다르지 않았다.

　　　　어쩌면 이 점에서 나는 고향 사람들과 달랐고, 함께 주님을 따랐던 열한 형제들과도 달랐다. 나는 천성적으로 기적이나 신비에 기대는 주위의 신앙이 늘 불편했다. 기적과 신비에 빠진 신앙이 결단과 윤리적 행동으로 이어지는 경우를 거의 보지 못했으며, 하나님께서 주신 이성을 방기하는 것이 참 신앙의 조건이라고 믿지 않았기 때문이다. 행동으로 발현되는 것이 마음이라면, 하나님의 뜻을 온전히 따르고 행하기 위해서 필수적인 것은 우리의 생각과 마음을 살펴보고 정진하는 일이리

라. 이것이 바로 나의 신앙이었다.

그런 점에서 그 어떤 신비한 기적도 보여주지 않은 채 단지 '마음을 돌이키라'¹고 요청했던 세례자 요한의 선포는 너무나 적절해 보였고, 그래서 매력적이었다. 바로 그 요한의 뒤를 이어 예수가 등장했을 때, 다른 유대인들이나 열한 형제들과 다르게 내가 예수께 끌렸던 것 역시 바로 이런 점에서였다.

비록 그분이 지금껏 듣도 보도 못한 놀라운 기적을 보여주고, 다른 모든 사람들이 바로 이 점에 매혹되어 그분을 따랐음에도 불구하고, 나를 그분에게로 이끈 힘은 그의 기적이 아니라 그의 말이었다. 하나님의 진리에 대한 그분의 말은 언제나 놀랍도록 간결했고, 놀랍도록 논리적이었다. 모세로부터 지금까지 전해 내려온 모든 성경의 해석과 전통을 혁명적으로 뒤엎으면서도 그의 말은 사람들을 납득시켰고, 그러기에 반박할 수 없는 힘이 있었다. 성경에 정통하다는 대학자들마저도 그의 앞에서는 분노나 수치로 얼굴만 붉힐 뿐, 그의 말을 논리적으로 반박하지 못했다. 그렇다. 나는 그분의 능력이 아니라 그분의 말을 사랑했다.

주님이 부활하셨다는 말을 믿지 못했던 것도 어쩌면 앞서 말한 내 천성과 신념 때문이었을 것이다. 형제들이 내게 부활하신 주님을 보았다고 흥분하며 전했을 때, 나는 이들이 드디어 슬픔에 정신이 나갔구

---

1 '회개'를 뜻하는 헬라어 원어 메타노이아(μετάνοια)는 '눈물의 회개'라는 표현과 함께 흔히 상상되는 것 같은 감정적 차원의 의미를 지니는 단어가 아니다. 문자적으로는 '생각의 변화'를 의미하며, 그런 면에서 '회개'보다는 '회심'(回心=마음을 돌이킴)이라는 번역이 훨씬 적절해 보인다.

나 생각했다. 그렇게 감정에 휘둘린 믿음이었으니 어리석게도 그 감정에 먹혀버린 것도 당연하다고 생각했다. 그리고 8일 후 그분이 내 앞에 나타나셨을 때…….

그때를 생각할 때마다 나는 내게 하신 주님의 말을 새긴다. 그분은 결코 내 신념이 잘못되었다고 책망하지 않으셨다. 너는 기적을 무조건 믿어야 한다고 강요하지도 않으셨다. 대신 그분은 당신의 손과 옆구리를 내주시며 넣어 보라 하셨다. 넣어 보고 믿으라 하셨다. 검증해 보고, 생각해 보고, 판단해 보고 믿으라고 하셨다. 끝까지 그분은 나의 이성을 무시하지 않으셨으며, 그것이 신앙에 위배되는 것이라 말씀하지 않으셨다.

나는 나를 향한 주님의 최후의 말씀을 지금도 생생하게 기억한다. "나를 보지 못하고 믿는 자들은 복된 자들입니다." 무슨 말인지 바로 이해하지는 못했지만, 이 말을 듣는 순간 나는 내 몸에 벼락이 흐르는 듯한 전율을 느꼈다. 다른 형제들도 모두 나보다 며칠 빨랐지만 나처럼 보고 나서야 믿었는데 왜 내게만 이 말씀을 하신 걸까? 이 말의 의미는 무엇일까?

여러 해를 거쳐 주님의 사명자로 이 먼 동방까지 이르고, 고난을 통과한 세월의 지혜가 서서히 찾아오는 지금에야 비로소 어렴풋이 그 말의 뜻을 알 것도 같다. 주님께서는 보지 않고 믿어야 할 첫 사람으로 나를 세우셨을지도 모른다. 앞으로 오고 오는 세상에서 부활하신 주님을 더 이상 볼 수 없지만 주님을 그리스도로 믿고 고백하게 될 모든 인간들을 위한 대표자로 세우셨을지도 모른다. 그렇게 나는 이미 보고 믿은 열한 형제와 보지 않고 믿게 될 모든 주님의 사람들을 잇게 되는지도 모른다. 만일 정말로 그런 것이라면 이것은 또 얼마나 굉장한 은혜요 축복일까. 보지 못하고 믿는 자는 결국 듣고 믿는 자이리라. 그렇게 그분은 또다시 말과 연결되는구나. 우주만물에 논리와 질서를 부여하고 논리와 질서 그 자체인 말, 아! 그분은 필경 하나님의 말이 아닐까?

 이런, 글은 이미 지나치게 길어졌는데, 노인은 또다시 옛 추억과 상념으로 길을 잃어 마땅히 기록해야 할 것들은 적지 못하고 말았다. 내가 왜 세상 끝인 스페인이 아니라 정반대인 동방으로 왔는지, 여태껏 이곳에서 무엇을 했는지, 우연히 알게 된 동방 끝에 산다는 흰 옷의 백성들을 어떻게 마음에 두게 되었는지, 내일은 반드시 이 이야기들을 기록해야겠다.

이성과 신비
사이에서

성경 속 도마 다시 보기

베드로의 영어식 표기인 Peter가 지금도 서양 사람들의 이름으로 많이 사용되는 것처럼 예수님의 제자 도마의 영어식 표기인 Thomas나 그 약칭 Tom 역시 서양에서는 이름으로 즐겨 사용됩니다. 원래 도마라는 이름은 예수님 당시 팔레스타인에서 사용하던 언어인 아람어 이름이었습니다. 도마와 그에 해당하는 그리스어 번역 디두모(Didymus)는 모두 '쌍둥이'라는 뜻이지요. 그러니 도마는 실제로도 쌍둥이일 가능성이 높습니다. 다른 복음서에서는 그저 제자들 명단에만 등장하는 도마가 본격적으로, 그리고 결정적으로 등장하는 복음서는 요한복음입니다. 사실 요한복음에서도 몇 군데만 등장하지만, 도마는 부활하신 예수님을 만나는 장면에서 강렬한 인상을 남겨 '의심 많은 도마'라는 별명과 함께 모든 사람의 머릿속에 깊이 각인되었습니다. '의심 많은 도마'라는 별명이 부정적인 의미를 지닌 것은 분명하지만 도마는 자신 앞에 현현하신 부활 예수를 '나의 하나님(요 20:28)'이라 부름으로써 그리스도교 역사상 가장 위대한 칭호를 최초로 예수께 부여한 인물이기도 합니다.

도마에 관한 외경과 전설에 따르면 도마는 52년 경 인도로 선교를 떠나 72년 경 그곳에서 순교했다고 전해집니다. 자신의 스승이었던 예수님의 직업과도 비슷하게 목공일과 건축에 능했습니다. 그래서 가톨릭에서는 건축가의 수호성인으로 추앙받기도 합니다. 그가 인도에까지 선교여행을 갔다는 전설은 보다 동쪽인 중국에까지 가서 선교를 했다는 이야기로 확장되었습니다. 심지어 그가 '중국의 깊은 곳'에까지 왔다는 얘기는 한반도 가야국까지 왔다는 전설로 이어졌지요. 지금 우리나라에서 발견된 가야 유물에서 그리스도교 전래의 흔적이나 사도 도마의 흔적을 읽으려는 시도는 다소 지나친 상상의 영역으로 보이지만, 만약 도마가 인도를 넘어 중국까지 왔다면 한반도에 사는 민족에 대한 정보는 들어보지 않았을까 하는 정도는 상상해볼 수 있습니다. 세상 끝까지 복음을 전하겠다는 사도들이라면 세상 동쪽의 끝, 극동의 나라에 대한 관심은 있었을 테니까요. 그러나 앞서 말했듯 전설과 관련된 이 모든 이야기는 아름답기는 하나 모두 상상의 영역입니다.

의심 많은 도마

오히려 우리에게 중요한 것은 사도 명단에 그저 이름만 추가했을 뿐 다른 복음서들은 거들떠보지 않았던 도마를 요한복음은 왜 그리 중요하게 여겼으며, 특히 결정적인 장면에 그를 배치했는지에 관한 것입니다. 요한복음 20장에 따르면 부활한 예수님은 제자들에게 나타나십니다. 그런데 공교롭게도 이 자리에 도마는 없었습니다. 따라서 도마는 다시 사신 스승님을 보았다는 다른 제자들의 말을 믿을 수 없었습니다. "그분 손에 난 못 자국을 보고 손가락을 넣어보지 않고서는, 옆구리에 난 창 자국에 손을 넣어보지 않고서는 난 절대로 믿을 수 없어." 도마는 그렇게 말했습니다. 그리고 예수님은 8일 후, 이번에는 도마를 포함한 모든 제자가 있는 자리에 다시 나타나십니다. 바로 이 자리에서 예수님은 도마에게 못 자국과 창 자국에 손가락과 손을 넣어보고 불신자(不信者)가 아니라 신자(信者)가 되라고 말씀하십니다. 그러자 도마는 예수께 고백합니다. "나의 주님, 나의 하나님!(요 20:28)" 이 엄청난 고백에 이어진 예수님의 최종적인 대답은 이렇습니다. "보지 못하고 믿은 사람들은 복됩니다(요 20:29)." 이 중대한 사건을 요한복음만 전한다는 사실은 요한복음이 이 사건을 통하여 독자에게 무언가 결정적으로 중요한 것을 남기고 싶어 한다는 것을 의미합니다. 이것은 아마도 도마의 의심과 관련 있을 것입니다.

앞에서도 말했듯 사람들은 '의심 많은 도마'라는 말을 긍정적인 의미로 사용하지 않습니다. 의심은 믿음과 반대되는 것처럼 여겨지기 때문이지요. 성경에서든 설교에서든 뭔가 의심이 든다고 말하면 신앙이 없는 것으로 간주되기 십상입니다. 그러나 정말 그럴까요? 의심은 언제나 유해하고 위험한 신앙의 적일까요? 어쩌면 도마의 의심은 반드시 그런 것만은 아니리라는 또 다른 진실로 우리의 눈길을 돌려줍니다. 정말로 도마는 덮어놓고 의심만 하는, 막무가내로 의심만 하는 사람이었을까요?

우리는 도마의 별명인 '의심' 앞에 한 단어를 더 붙여놓고 생각할 필요가 있습니다. 바로 '합리적'이라는 단어입니다. 도마의 의심은 모든 증거에도 불구하고 자신의 주장을 고집하는 막무가내 의심이 아닙니다. 도마는 합리적인 증거를 요구했을 뿐입니다. 성경은 예수께서 도마의 의심을 질책하시거나 의심한 도마에게 화를 내셨다고 말하지 않습니다. 증거를 요구하는 도마에게 예수께서는 증거를 제시하실 뿐입니다. 다시 한 번

강조하지만 도마의 의심은 막무가내의 의심이 아니라 합리적 의심, 즉 이성을 바탕으로 한 의심이었던 것입니다. 신앙생활을 하면서 우리는 종종 이해가 안 가도 무조건 믿어야 한다는 말을 듣곤 합니다. 무조건 믿을 수 없다는 사람을 의심이 많은 사람, 믿음이 없는 사람이라고 말하기도 합니다. 하지만 이성을 무시하는 모든 말은 이성 역시 하나님께서 인간에게 주신 축복이요 선물이라는 사실을 간과하고 있습니다.

이성은 하나님께서 인간에게 주신 선물이다

그리스도교에서 이성과 신비의 관계는 늘 역설적입니다. 하지만 역설적인 이 관계를 그리스도교는 결코 포기하지 않은 채 둘 모두를 신앙 안에 포함시켜 왔습니다. 분명 신비는 이성을 넘어서지만 그리스도교는 어느 한순간도 이성을 완전히 무시하거나 포기한 적이 없습니다. 시대에 따라 이성과 신비 중 어느 한 편으로 치우친 적은 있어도 그중 하나를 버린 적은 단 한 번도 없습니다. 그리하여 그리스도교 신앙의 역사는 이성과 신비 사이를 끝없이 오간 역사라고 해도 과히 틀린 말은 아닙니다. 물론 신비는 종교에서 반드시 필요한 요소입니다. 그러나 이 신비 때문에 이성을 포기한다면 종교는 생각지도 못한 괴물이 됩니다.

실제로 그리스도교가 합리적인 이성을 무시했을 때 어떤 비극이 일어나는지 보여준 역사영화가 있습니다. 그리스의 마지막 철학자 히파티아의 삶을 그린, 스페인 감독 알레한드로 아메나바르의 2009년 작 영화 〈아고라(Agora)〉입니다. 영화는 4세기 후반 고대 문명의 중심지인 알렉산드리아를 배경으로 철학자이며 수학자이자 천문학자였던 대학자 히파티아라는 여인이 어떻게 광신에 의해 파멸되었는가를 그려냅니다.

영화가 배경으로 삼은 391년은 그리스도교 역사에서 꽤 중요한 연도입니다. 종교로서의 그리스도교 인정의 역사를 간단히 살펴보자면, 313년 황제 콘스탄티누스 1세는 밀라노 칙령을 내려 그리스도교를 공식 종교로 인정하고 그리스도인들에게 신앙의 자유를 부여합니다. 380년에는 테오도시우스 1세가 데살로니가 칙령을 통하여 그리스도교를 실질적인 제국의 국교로 만드는 길을 열어놓았습니다. 여기서 한 걸음 더 나아가 테오도시우스는 영화의 배경이 되는 391년 로마와 알렉산드리아에서 그리스도교가 아닌 다른 모든 종교의 의식을 금지합니다. 그리고 이듬해에는 다른 모든 종교를 불법으로 규정합니다. 바로 이때부터 타 종교에게 박해를 받던 그리스도교는 타 종교에 박해를 가하는 그리스도교가 됩니다. 힘을 얻은 그리스도교는 다른 종교의 신앙에 결코 관대하지 않았습니다. 이 격동의 회오리 속에서 벌어지는 이야기가 영화 〈아고라〉 속에 고스란히 펼쳐집니다. 개인적으로 영화에서 가장 인상적인 장면은 히파티아와 그녀의 제자였다가 나중에 키레네의 주교가 된 시네시우스의 대화 장면입니다. 스승인 히파티아에게 박해를 피하려거든 정말로 믿든 안 믿든 무조건 세례를 받고 그리스도교인이 되라고 압박하는 제자 시네시우스에게 히파티아는 다음과 같이 말합니다. "시네시우스, 너는 네가 믿는 것에 대해 의문을 제기하지 않아. 그럴 수 없거나. 하지만 난 그래야만 해(Synesius, you don't question what you believe or cannot. I must.)." 우주와 천체의 이치를 깨닫기 위해 끊임없이 스스로의 생각까지 의심하고 검토하는 히파티아에게 생존의 안위를 보존하려면 일단 무조건 믿는 척이라도 하라는 조언이 들어갈 자리는 없었습니다. 결국 히파티아는 그리스도교 광신도들에게 살해됩니다.

이성을 짓눌러왔던 종교의 시대가 끝나고 다시금 이성의 중요성이 강조된 계몽주의 문화 속에서 히파티아가 강조되기 시작한 것은 놀랄 만한 일이 아닙니다. 이성이 다시 세력을 잡는 시대라면 광신에 의해 희생된 이성의 상징인 히파티아만큼 매력적인 인물도 없었을 테니까요. 이성을 무시하고 무조건적인 믿음을 강요하는 경직된 그리스도교를 공격하기 위하여 비교적 현대에 와서 히파티아가 재발견되고 신화화된 측면이 없진 않습니다. 또 히파티아의 살해에 종교적인 동기 외에 정치적인 동기가 있었을지도 모릅니다. 하지만 어쨌든 히파티아의 이야기는 종교가 이성을 무시했을 때 어떤 비극이 벌어지는지 보여주는 사례입니다.

그리스도 부활의 참다운 증인

'이성은 신앙의 반대말이 아니다.' 어쩌면 도마는 이 주장에 가장 적합한 인물입니다. 그는 의심쟁이가 아니라 자신의 시대에 주변 그 누구와도 다른 합리주의자였습니다. 그렇다고 그가 마냥 냉철하기만 한 것은 아니었습니다. 요한복음에 딱 세 번 언급된 그의 말 중 처음 말은 예수께서 나사로를 살리고자 자신을 돌로 쳐 죽이려 했던 유대 지역으로 가신다고 했을 때 한 말이었습니다. "우리도 그분과 함께 죽으러 갑시다!(요 11:16)" 그는 이만큼 뜨거운 심장을 가진 사람이었습니다. 말하자면 뜨거운 심장

예수님은 도마에게 말씀하십니다.
"보지 못하고 믿은 사람들은 복됩니다."

과 차가운 머리를 동시에 지녔던 셈입니다. 그는 모두가 주저할 때 뜨겁게 일어섰던 사람이고 모두가 뜨거운 심장으로 들끓어 흥분할 때 차가운 머리로 자신을 잃지 않았던 사람이었습니다. 그러기에 그는 그리스도의 육체적 부활에 대한 참다운 증인으로 가장 적절한 사람이었습니다. 그런 그의 확증만이 부활 이후 예수께 나아오는 모든 사람을 위해서도 유효한 확증일 수 있었습니다.

"보지 못하고 믿은 사람들은 복됩니다." 예수께서 말씀하신 부활하신 주님을 보지 못하고 믿은 사람들은 누구일까요? 바로 우리입니다. 따라서 이 말씀은 열두 명의 제자들을 넘어 앞으로 세상에 나타날 모든 예수의 제자들, 모든 그리스도인을 포함하는 말씀입니다. 요한복음은 앞으로 예수님을 직접 눈으로 보지 못하고 믿게 될 모든 사람을 고려하고 배려하여 자신의 복음서에 주님의 말씀을 적어 넣었습니다. 요한복음이 기록한 도마의 사건 역시 바로 이 점과 깊은 관련이 있습니다. 처음에 부활하신 예수님을 직접 보지 못한 도마는 앞으로 오게 될 모든 그리스도인을 대표합니다. 우리 역시 그 첫 부활을 직접 경험하지 못했기 때문입니다. 그리고 도마는 앞으로 모든 그리스도인이 예수님을 향해 바칠 고백, 주님이시며 하나님이시라는 고백을 모든 그리스도인을 대표하여 그리스도께 바칩니다. 이처럼 도마는 당시의 제자들을 대표하면서 동시에 이후의 모든 그리스도인을 대표합니다. 그렇게 도마는 당시의 제자들과 이후의 모든 제자를 이어줍니다.

신앙에는 눈보다 귀가 더 필요하다

그런데 보지 못하고 믿은 사람들은 대체 어떻게 믿은 사람들일까요? 보지 못하고 믿은 사람들은 듣고 믿은 사람들입니다. 복음은 환상이나 기적이 아니라 선포로, 즉 말로 이어집니다. 우리는 복음을 '듣고' 예수를 믿습니다. 요한복음은 바로 이 점을 강조합니다. 요한복음에서 예수님은 기적을 '보고' 믿는 사람들을 신뢰하지 않습니다. 어차피 그들에게는 내 눈 앞에서 벌어지는 엄청난 기적, 내 이익을 위해 일어나는 찬란한 기적이 중요할 뿐 이 기적이 가리키는 진정한 의미는 안중에도 없을 테니까요. 다른 복음서와 달리 요한복음이 '기적(miracle)' 대신 '표적(sign)'이라는 단어를 사용한 것에는 명확한 의도가 있습니다. 기적은 그 자체보다 그것이 가리키는 무언가가 더 중요한 본질적 의미를 지녔다는 것입니다. 기적을 경험한 사람은 그 자체에 머물러서는 안 되고 반드시 믿음이라는 최종 단계로 나아가야 한다는 것입니다. 기적에만 시선이 머물 때 우리는 결코 믿음에 도달할 수 없습니다.

신앙에는 눈보다 귀가 더 필요하다고 요한복음은 주장합니다. 따라서 기적에 혹했던 다른 모든 유대인과 달리 사마리아인들은 요한복음의 찬사를 받습니다. 사마리아 여인으로 인해 예수께서는 사마리아 사람들 마을에서 이틀을 보내셨습니다. 그리고 요한복음은 그 결론을 이렇게 보여 줍니다. "더 많은 사람들이 예수의 말씀을 듣고서 믿게 되었다(요 4:41, 새번역)." 듣고 믿게 된 마을사람들은 사마리아 여인에게 다음과 같이 말합니다. "우리가 믿는 것은 이제 당신의 말 때문만은 아니오. 우리가 그 말씀을 직접 '들어보고' 이분이 참으로 세상의 구주이심을 알았기 때문이오(요 4:42, 새번역)." 예수께서는 이틀 동안이나 마을에 머물면서 단 하나의 기적도 행하지 않으셨는데 사마리아 마을 사람들은 오직 예수님의 말만 듣고 그분을 '세상의 구주'로 고백합니다. 놀랍게도 요한복음 전체에서 이렇게 예수를 고백한 사람들은 그 누구도 없었습니다. 이것은 감정이나 신비가 아니라 이성이 얻은 승리였습니다. 사마리아 사람들은 예수의 말을 듣고 이성적으로 사고하여 결국 그분이 세상의 구주라는 결론에 도달했기 때문입니다.

신앙은 신비뿐 아니라 이성도 함께여야 한다

'말'은 그리스어로 로고스(logos)입니다. 로고스는 고대 그리스철학에서 가장 중요한 개념이었습니다. 그리스어 로고스는 단순히 '말'이라는 뜻으로도 사용됩니다(예를 들어 요 4:41의 '예수의 말씀'에서 '말씀'도 로고스라는 단어입니다). 하지만 "말이 된다."라는 우리말 표현에서 보듯이 로고스는 논리, 이성의 뜻으로도 사용됩니다. 논리가 있다는 말은 예측이 가능하다는 뜻이고, 혼돈이 아닌 질서가 내재되어 있다는 뜻입니다. 혼돈을 뜻하는 카오스(chaos)에 대조되어 질서를 뜻하는 그리스어 코스모스(cosmos)를 우주 또는 세계로 번역하는 이유는 우리가 사는 우주가 논리를 거스르지 않는 질서를 포함하기 때문입니다. 이 질서로 우리는 자연과 우주의 법칙을 파악하고 이해하고 적용합니다. 그러기에 고대 그리스 철학자들은 로고스야말로 우주를 지탱하고 유지시키는 본질이라고 생각했습니다.

"태초에 말, 즉 로고스가 있었다. 그 말은 하나님과 함께 있었다. 그 말은 하나님이었다(요 1:1)." 결국 그 말(=로고스)이 육신이 되었고(요 1:14), 그렇게 육신이 된 로고스가 예수님이기에 대부분의 우리말 성경은 이 로고스를 '말'이 아닌 '말씀'이라는 높임말과 함께 인격을 지칭하는 인칭대명사를 사용하여 번역했지만, 요한복음 서문의 선언은 바로 이 로고스에 관한 것입니다. 결국 요한복음은 우주가 존재하기도 전에 이미 존재했던 로고스, 즉 말이 바로 예수 그리스도시라는 고도의 철학적 선언으로 자신의 복음을 시작합니다. 이 맥락에서 요한복음 마지막 부분에 등장하는 도마의 이야기는 더욱 더 중요해집니다. 그는 합리적인 문제제기는 의심으로 치부될 것이 아니라 반드시 신앙에 포함되어야 한다는 사실을 똑똑히 보여주기 때문입니다. 신앙은 신비뿐 아니라 이성도 함께여야 한다는 사실을 구체적으로 보여줍니다. 말을 듣고 믿는 믿음이야말로 신앙의 본질임을 확증해줍니다.

하나님은 의심을 꾸짖는 분이 아니십니다. 우리는 결코 무조건 믿는 믿음을 좋은 믿음이라고 말해서는 안 됩니다. 우리의 신앙은 이성과 신비라는 양날의 칼을 늘 품고 있어야 합니다. 어느 하나라도 버린다면 그런 신앙은 비참한 결과를 낳을 것입니다. 신앙이 이성을 버렸을 때 폭력적 광신이 날뛰었고, 신앙이 신비를 버렸을 때 신앙은 단지 도덕으로 전락했다는 사실을 역사는 똑똑히 보여줍니다. 합리주의자 도마는 우리의 신앙이 이성을 놓쳐서는 안 된다는 사실을 보여주는 실로 귀중한 제자입니다.

이성과 신비를 오가는 추가 교부시대에 신비 쪽으로 지나치게 기울었을 때, 다시금 이성 쪽으로 추를 돌려 이성을 신앙과 융합시키려는 중세의 시도가 있었습니다. 이런 시도를 사람들은 스콜라주의 또는 스콜라 철학이라고 불렀습니다. 그리고 이 사조의 대표적 인물은 "철학은 신학의 시녀."라는 말로 유명한 토마스 아퀴나스였습니다. 그는 이성을 바탕으로 그리스도교 교리와 아리스토텔레스 철학의 종합을 시도했던 중세 그리스도교 최고의 신학자였습니다. 흥미롭게도 토마스 아퀴나스는 바로 이 도마를 자신의 이름으로 지니고 있습니다. 이성이 신비에 눌려 희미해지던 시대에 역사는 이렇게 다시 또 도마를 역사의 무대에 등장시켰는지도 모르겠습니다.

PART 3
빌립

빌립의
회고록

♦

내가 아니면 예수님께 갈 수 없는 사람들을 위하여

'이렇게 다양한 인간군상이, 공통점이라고는 도무지 찾아볼 수 없고, 함께 모여 있는 자체가 어색하고 기이하기 짝이 없는 집단이 도대체 이 세상 어디에 있을까?' 주님께서 특별히 부르신 열둘이 함께 모여 있는 것을 보았더라면 누구라도 이렇게 생각했을 것이다. 사람들이 말하는 소위 '열두 제자'는 그야말로 천태만상의 어울리지 않는 인간들의 조합이었다.

　갈릴리호수에서 자기 배를 소유하고 일꾼들을 부리며 어업을 경영하던 부유한 야고보 형제 같은 사람도 있었고, 가진 것 하나 없이 그저 몸뚱이가 재산의 전부인 사람도 있었다. 사리에 유난히 밝고 똑똑하여 세리 출신의 제자를 제치고 돈을 관리하고 그룹의 살림을 책임지던 유다 같은 사람도 있었고(아이러니하게도 그 영리함이 결국에는 파멸로 이어졌지만), 나 빌립처럼 도무지 주님의 말씀을 알아듣지 못했던 머리가 둔한 사람도 있었다. 그런가 하면 민족의 반역자요 로마의 앞잡이인 세리도 있었고, 로마인들과 민족 반역자들에 대한 폭력과 암살을 서슴지 않았던 열심당원도 있었다.(마태와 시몬이 가까이 있는 모습을 볼 때면 혹시나 시몬이 마태를 어쩌지나 않을까 얼마나 긴장했었던지.)

　신앙적으로 보더라도 이 열둘은 유대교 모든 종파들의 총집합이나 다름없었다. 우리 중에는 세례 요한을 따라다니던 에세네파의 금욕주의자들부터 폭력을 사용해서라도 하나님 나라를 신속하게 도래하게 만들겠다는 열심당원들까지, 가장 영적인 유대교의 종파와 가장 정치참여적인 유대교의 종파가, 그리고 이 두 극단 사이의 다양한 종파적 입장들이 혼재되어 있었다.

하지만 차이는 경제와 정치, 종교적 입장에서만 있었던 것은 아니다. 문화적으로도, 보다 정확하게 말하자면 문화개방성에서도 큰 차이를 보였다. 여기서 나와 다른 제자들의 차이는 우선 이름에서 드러났다. 다른 제자들이 일반적인 우리말 이름[1]을 썼던 것에 반해 안드레와 나는 헬라어 이름을 가지고 있었다.[2] 나는 바울처럼 헬라식 이름(바울)과 히브리식 이름(사울)을 함께 쓴 것도 아니었다.[3]

언젠가 아버지는 내게 말씀하셨다. "나는 네가 세계의 시민이 되기를 원한다." 아버지는 내가 좁디좁은 유대세계에서 벗어나 넓은 세상을 경험하며 살기를 원하셨다. 그 때문에 뿌리를 버린 놈이라는 욕을 먹어도 상관없다고 하셨다. 아버지는 자신처럼 좁은 세상에 갇혀 살지 말고 세계를 향해 살기를 바라는 마음으로 내게 헬라식 이름을 지어 주셨다. 아버지는 그렇게 나의 이름을 지어 주셨고, 그렇게 나를 기르셨다. 그리고 나는 아버지의 뜻대로 당시 세계 문명인 헬레니즘의 문화에

---

1 히브리어/아람어 이름
2 안드레(Ανδρέας, 안드레아스)는 아네르(ἀνήρ), 즉 "남자"라는 단어에서 파생된 이름으로 남자답고, 용감하다는 뜻의 헬라어 이름이며, 빌립(Φίλιππος, 필립포스)은 친구, 사랑하는 자를 뜻하는 필로스(φίλος)와 말을 뜻하는 히포스(ἵππος)를 합쳐 만든 '말을 사랑하는 자'라는 뜻의 헬라어 이름이다.
3 흔히 잘못 알려진 것처럼 사울이 은혜를 입은 후 바울로 이름을 바꾼 것이 아니다. 바울은 상대에 따라 사울로도 불리고 바울로도 불렸다. 사도행전 13장 9절을 보라. "바울이라고 하는 사울이 성령이 충만하여 그를 주목하고."

익숙하도록 교육받았다.

그러니 다른 형제들과 함께 있을 때의 문화적 이질감은 때로 견디기 어려울 정도였다. 그들은 대부분 세계의 다양성에는 눈을 감은 채 유대민족의 문화와 종교적 관습을 고수하려고만 했다. 오직 안드레만이 유일하게 말이 통했다. '이 폐쇄적인 꼴통 국수주의자들!' 때때로 나는 속으로 나머지 형제들을 경멸하기도 했었다. 한없이 어리석고 오만했던, 죄 많은 젊은 날의 치기였다.

놀랍게도, 극단적으로 상이한 사회계층과 종교적 입장의 사람들 모두가 예수를 자신들의 꿈을 이루어줄 메시아로 믿었었다. 그리고 잘 아는 바와 같이 이 모든 사람들의 제각각의 꿈은 결국 십자가에 걸려 넘어지고 말았다. 과거 우리는 그런 사람들이었다. 그런 우리가, 그런 내가, 지금 이렇게 하나님의 아들을 위해 일할 수 있다니!

앞서 말한 것처럼 나는 지독히도 머리가 둔한 사람이었다. "빌립, 이 사람들이 다 먹으려면 어디서 빵을 사 와야 할까요?" 주님이 이렇게 물으셨을 때 난 "글쎄요, 조금씩만 먹는다고 쳐도 이백 데나리온으로도 어림없을 걸요."[4]라고 대답했다. 도대체 그때 난 무슨 생각을 했던 것일까? 아니, 나는 아무런 생각도 없었다는 편이 맞을 것이다. 주님과의 마지막 식사 때는 또 어땠나? 주님께서 "여러분은 이제 내 아버지를 알게 되었고, 또 그분을 뵈었습니다."라고 감격에 북받쳐 말씀하시는데

4　요 6:7

"주님, 우리에게 아버지를 보여주십시오. 그거면 되겠습니다."[5]라고 말을 했으니, 어쩌면 이렇게까지 멍청할 수 있었을까? 그때만 생각하면 아직도 부끄러움에 얼굴이 달아오른다.

하기는 팔십을 넘긴 지금도 그다지 지혜로워진 것 같지는 않다. 말씀에 아둔하고 깨달음도 없는 나를, 도대체 왜 주님은 제자로 부르셨을까? 언젠가 주님께 넌지시 물었을 때 그분은 웃으며 이렇게 말씀하셨다. "그래도 빌립, 당신은 누군가를 데려오는 것은 잘하잖아요. 내가 당신을 부르자마자 당신은 곧장 나다나엘을 내게 데려왔죠." 그분은 또 말씀하셨다. "그리고 혹시라도 내게 오고 싶은 이방인들이 있다면 그들을 내게로 데려올 사람이 빌립이라는 이름을 가진 당신 말고 또 누가 있겠어요?" 농담처럼 하신 말씀이라고 생각했는데, 과연 십자가에 달리시기 얼마 전 그리스인들이 내게로 다가와 예수님을 뵙고 싶다고 말을 걸었다.[6] 그때 난 얼마나 소스라치게 놀랐었는지. 어쩌면 아버지가 내게 빌립이라는 이름을 지어 준 것도, 헬레니즘 문화를 배우고 자란 것도, 모두 이 순간을 위한 것이 아니었을까? 내 모든 삶의 궤적이 하나님의 섭리 안에서 바로 이 순간을 위한 것이 아니었을까? 그때 그 자리에서, 나는 이 말도 안 되는 생각이 사실이라고 믿었다.

나는 안드레와 함께 그 경건한 그리스인들을 주님께로 이끌었다. 그들은 이 땅에 거주하며 살고 있는 이방인들이 아니라 저 먼 이국 땅에서 와 예수를 만난 첫 번째 이방인들이었다. 그래, 나는 아직까지 이

---

5   요 14:8
6   요 12:21

렇게 우둔해도 적어도 데리고 오는 재주는 있는 모양이다. 이 보잘것없는 재주를 주님은 놀랍게도 당신의 열둘 중 하나로 삼으실 만큼이나 크게 보셨다니, 이 얼마나 큰 은혜인지.

지금 나는 안드레와 함께 처음 내게로 온 그리스인들의 땅을 누비며 복음을 전한다. 여전히 나는 아둔하고 말하는 재주가 없으니, 그저 예전에 그랬던 것처럼 안드레에게 사람들을 데려올 뿐이다. 그러면 그는 나보다 훨씬 아름답고 조리 있게 하나님의 복음을 전한다. 그리고 복음은 그들 속에서 역사한다. 이 얼마나 아름다운 일인가. 그가 안드레인 것도, 내가 빌립인 것도, 다 하나님의 섭리요 은혜가 아닌가.

이름 속에 담긴 비밀

성경 속 빌립 다시 보기

공관복음서에서 빌립은 도마와 마찬가지로 12제자 명단에만 등장합니다. 신약성경에서 복음서와 관련하여 말할 때 등장하는 '공관복음서'란 마태복음, 마가복음, 누가복음을 가리킵니다. 이 셋은 이야기 구조가 비슷하고 서로 영향을 주고받은 흔적이 선명하기 때문에 共觀(공관), 즉 '함께 본다'는 말을 붙여 공관복음서라고 부르는 것이지요.

제자 빌립은 도마와 비슷하게 요한복음에서만 몇 차례 그의 이야기가 등장할 뿐입니다.(참고로 성경에는 동명이인이 워낙 많이 등장하여 오해를 불러일으킬 수도 있어 언급하고 지나가자면, 사도행전 8장에 등장하여 사마리아에서 복음을 전파하고 에디오피아 내시를 만난 빌립은 예수님의 제자 빌립이 아니라 일곱 집사 중의 하나인 빌립입니다.) 요한복음에서 안드레, 베드로와 같은 벳새다 출신인 빌립은 "나를 따르라."라는 예수님의 말씀을 처음으로 들은 제자이기도 합니다(요 1:43). 그의 이름이 등장하는 몇몇 이야기가 있지만 거기서도 그는 거의 존재감이 없습니다. 그러니까 누가 그 자리에 있든, 그가 했던 말을 다른 누가 했든 거의 상관없어 보이는 얘기들에 등장한다는 것이지요. 마찬가지로 거의 언급된 적 없이 짧게 등장했지만 강렬한 인상을 남긴 도마와 비교하자면 빌립은 흘려보내기 딱 좋은 캐릭터라 할 수 있습니다. 하지만 빌립은 그의 행동보다는 다른 점에서 눈에 띄는 캐릭터입니다. 그 점은 다름 아닌 그의 이름입니다.

이름에 담긴 정체성

어떤 사람에 대해 전혀 아는 것이 없어도 이름만으로 그의 상황이나 삶의 궤적을 추측할 수 있는 이름들이 있습니다. 개인적인 예를 들어 보자면, 수업시간에 가르치는 학생들 중 이름이 '예찬'이나 '하은'인 학생들을 보면 '아, 부모님이 교회 다니시나 보구나.'라는 예상을 하게 됩니다. 그리스도인이 아니라면 잘 모르겠지만 그리스도인들은 이 이름들의 유래가 '예수님 찬양', '하나님 은혜'라는 것을 쉽게 짐작할 수 있기 때문이지요. 따라서 그 이름을 지닌 사람에 대한 정보가 전혀 없더라도 단지 이름만으로 이 사람은 그리스도교 환경에서 자랐을 것이라는 추측이 가능해집니다. 그리고 해당 학생에게 교회에 다니느냐고 물어보면 거의 어김없이 교회에 다닌다는 대답을 듣곤 합니다. 이처럼 이름은 때때로 그 이름을 지닌 사람의 정체에 대한 단서를 제공합니다.

태어날 때 자신의 이름을 고르는 사람은 아무도 없습니다. 태어난 아기에게 이름을 정해주는 것은 그 아기를 책임질 사람(대부분 부모)의 일입니다. 특히나 동양 문화권에서 부모들이 아이의 이름을 허투루 짓는 법은 거의 없습니다. 부모는 이름에 아이의 삶이 불운을 피하고 행운만 가득하기를 바라는 마음을 담기도 하고, 아이의 성격이 좋기를 바라는 마음을 담기도 하고, 또는 부모 자신의 관심과 소원을 담기도 하면서 아이의 이름을 짓습니다. 하다못해 이름으로 쓰는 한자를 주의 깊게 고르고 그 획수까지 고려하는 수고도 마다하지 않습니다. 우리나라에 작명소가 그렇게 많은 것을 보면 우리 민족은 유달리 이름에 큰 의미를 부여하는 것 같기도 합니다. 마치 이름이 운명을 결정한다고 여기는 듯 삶이 잘 풀리지 않으면 이름을 바꿔 운명을 바꾸려고도 하니까요.

　예수님의 제자 중에서도 그 이름만으로 삶의 배경을 유추해볼 수 있는 사람이 있으니 그 사람이 바로 빌립입니다. 시몬이나 야고보, 요한, 유다 등은 수많은 동명이인이 존재하는 흔한 히브리식 이름입니다. 사실 '예수'라는 이름도 매우 흔한 이름 중 하나였습니다. 이름이 소원을 담고 있다고 할 때 예수님 당시의 역사적 상황에서 이스라엘 사람들의 가장 큰 소원은 바로 하나님의 구원이었을 것입니다. 그러니 구원을 뜻하는 '예수', 좀 더 정확한 히브리어 발음인 '예수아'는 가장 흔한 이름 중 하나였을 것입니다. 구약성경에 등장하는 여호수아라는 이름도 사실 예수와 같은 이름이라는 사실은 잘 알려져 있지요.

　복음서에는 예수라는 이름과 관련된 흥미로운 이야기도 있습니다. 십자가 처형에 앞서 죄수 한 사람을 놓아줄 때 빌라도는 군중들에게 바라바와 예수 둘 중 누구를 놓아줄지 택하라고 합니다. 마태복음 27장 17절에서 빌라도는 묻습니다. "너희는 내가 누구를 너희에게 놓아 주기를 원하느냐, 바라바냐 그리스도라 하는 예수냐?" 그런데 마태복음의 어떤 필사본에서는 이 부분을 이렇게 적었습니다. "너희는 내가 누구를 너희에게 놓아 주기를 원하느냐, 바라바라 하는 예수냐 그리스도라 하는 예수냐?" 만약 이 필사본대로라면 바라바와 예수님은 동명이인인 셈입니다. 바라바의 본명 역시 예수이고 바라바는 별명인 셈이지요. 두 명의 예수, 즉 바라바라

하는 예수와 그리스도라 하는 예수 중 한 명을 선택하라는 빌라도의 말은 마치 오늘 우리는 어떤 예수를 원하는가 하는 신앙적인 질문을 던지는 것처럼 들립니다. 이 질문도 몹시 흥미롭지만 우리의 관심은 일단 빌립이니 다시 빌립의 이름으로 돌아가 봅시다.

이스라엘 땅에서 헬라어 이름으로 살다

예수님의 다른 제자들과 달리 빌립이라는 이름은 히브리어 이름이 아닙니다. 빌립, 즉 필립포스(Φίλιππος)라는 이름은 앞의 회고록에서도 설명했듯 '말을 사랑하는 자'를 뜻하는 흔한 헬라어 이름입니다. 제자들의 이름 중 안드레도 그리스식 이름입니다. 안드레 이름의 뜻은 '남자답다', '용감하다'이며, 예수님의 제자들 중에서는 빌립과 안드레 두 사람만 헬라어 이름을 지니고 있습니다. 그렇다면 로마의 식민지 아래에서, 헬레니즘 문화 속에서 그리스식 이름을 갖고 있다는 것은 어떤 의미였을까요?

예수님이 활동하던 서기 1세기의 세계는 정치적으로는 로마제국이 세계를 식민지로 지배하고 있었으나 문화적으로는 헬레니즘, 즉 그리스문명이 세계를 지배하고 있었습니다. 그리고 이 헬레니즘 문화를 실어나르는 가장 강력한 수단은 언어였습니다. 지중해 연안의 모든 세계가 헬라어를 공용어로 사용했습니다. 로마제국이 지배하는 세계에서 신약성경이 모두 그리스어로 쓰였다는 사실 하나만으로도 당시 헬레니즘과 헬라어의 막강한 영향력은 쉽게 짐작해볼 수 있습니다. 심지어 바울은 로마에 사는 그리스도인들에게 편지를 보내면서도 로마의 언어인 라틴어가 아니라 그리스어로 편지를 써서 보냈습니다.

비록 제도와 정치로는 로마가 지배하고 있었지만 당시 모든 사람들의 삶을 지배하던 것은 헬레니즘이었습니다. 그래서 사람들은 이 시대를 그레코-로망시대, 즉 그리스-로마시대라고 부릅니다. 그러나 이스라엘 입장에서 헬레니즘은 분명 탐탁지 않은 외래의 영향력입니다. 더 나아가 헬레니즘은 민족의 고유한 문화와 종교유산을 말살시키는 적대적인 외래 문명이었습니다. 실제로 로마제국 이전 그리스제국이 이스라엘을 침략했을 때 그리스인 지배자들은 안식일과 할례를 폐지시키고, 성전에 제우스 신상을 세우고, 성전제단에 돼지를 희생제물로 바치는 등의 만행을 저질렀습니다. 특별히 안식일과 할례의 폐지는 이스라엘 민족의 정체성과 신앙을 파괴하는 조치라 할 수 있었습니다. 마치 일제 강점기의 창씨개명에 비견할 만한 조치인 셈이죠. 그 속에서 민족의 정체성과 신앙을 지키고자 했던 유대인들은 그리스제국과 목숨을 건 투쟁을 벌였습니다. 이때 헬레니즘의 핍박에 맞서 민족과 신앙을 지키고자 했던 유대교의 한 종파가 탄생했는데, 그 종파가 바로 바리새파였습니다. 헬레니즘을 적극적으로 받아들인 귀족 출신 사두개파와 달리 예수님 당시에도 바리새파가 백성들의 존경과 지지를 받았던 데에는 그럴 만한 이유가 있었습니다.

이런 배경을 알고 나면 그리스식 이름을 가지고 있다는 사실이 조금 다르게 다가옵니다. 비록 정치적으로는 로마가 지배하고 있다고는 하나 이스라엘의 고유한 신앙을 조롱하고 공격하는 그리스철학과 헬레니즘 문화는 여전히 유대인들에게 위협적일 수밖에 없습니다. 사업이나 교육 또는 다른 이유로 적극적으로 그리스문화를 수용했던 계층도 있었을 테지만 민족의 정체성과 민족의 종교를 지키기 위해 그리스문화를 배격하고 고유한 문화와 종교를 지키려 했던 더 많은 사람들이 있었을 것입니다. 이런 상황에서 헬라식 이름을 자식에게 부여한 부모들은 어쩌면 당연한 비난을 감수해야 했을 것입니다. 조금 과장해서 생각해본다면 헬라식 이름을 자식에게 준다는 것은 이 아이는 유대교의 정수가 아니라 헬레니즘이라는 세계문화에 속한 아이라는 것을 공공연하게 선언한 것과 같았을지 모릅니다. 물론 똑같이 비교할 수도 없고 문화적 정치적 상황도 크게 다르지만, 일제 강점기에 조선인이 아이에게 일본식 이름을 지어주는 것을 상상해본다면 그 일이 지닌 의미를 유추해보는 데 어느 정도 도움이 될 것입니다.

아이에게 예찬이나 하은이라는 이름을 준 부모가 교회의 신자이듯, 헬라식 이름을 아이에게 준 부모는 당시 세계의 문명인 헬레니즘을 신봉한 사람들일 것입니다. 비록 몸은 할례를 받은 유대인일지라도 마음으로는 유대교와 다른 이질적 사상과 문화를 적극적으로 받아들인 사람들일 것입니다. 당연히 자식들에게도 헬라식 교육을 병행시켰겠지요. 그렇다면 빌립 역시 헬라식 교육을 받고 헬라어에 능통한 사람이었을 것입니다. 안드레도 그랬을 것이고요.

안드레가 헬라어 이름을 지니게 된 것은 아버지의 사업과 관련 있지 않을까 추측해봅니다. 시몬 베드로의 아버지는 이상하게도 형에게는 시몬이라는 히브리식 이름을 준 반면 동생에게는 안드레라는 그리스식 이름을 주었습니다. 안드레에게 그리스식 이름을 준 것은 어쩌면 그들의 가족 사업을 세계적으로 확장해보려는 의미에서 그랬던 것이 아닐까요? 갈릴리 어부였던 베드로 형제나 야고보 형제에 대해 흔히들 '갈릴리 호숫가의 가난한 어부'라는 인상을 갖곤 하지만, 사실 이것은 실체적인 상황을 반영하지 않은 낭만적인 환상입니다. 갈릴리호수에서 독점적으로 자기 배를 가지고 어업을 운영할 수 있었다는 사실은 그들이 상당한 사업가 집안 출신임을 의미합니다. 성경도 야고보 형제는 아버지와 함께 일꾼을 부린 어부들이었다고 묘사합니다(막 1:20). 그러니 가난하고 무식한 어부들이 예수님을 믿고 성령을 받더니 지혜가 넘치고 신약성경의 서신서도 쓰는 엄청난 사도가 되었다는 말은 은혜는 될지 모르나 사실은 아니라고 보는 게 맞습니다. 어쩌면 베드로의 아버지는 자신의 가족 사업을 팔레스타인 밖으로까지 확장시키기 위한 수단으로 둘째 아들에게 그리스식 이름을 주고 그를 헬라식으로 키웠을지 모르겠습니다.

어찌 되었든 빌립이 예수를 따라 열두 제자에 합류하게 되었을 때 그는 다른 제자들에게 분명 이질적인 사람으로 여겨졌을 것입니다. 이미 이름만으로도 그가 어떤 배경을 가진 사람인지 단박에 알 수 있었을 테니까요. 빌립이나 안드레는, 원래 '사울'이라는 히브리 이름이 있었지만 외국에서는 헬라어 이름 '바울'도 사용했던 사도 바울(행 13:9)과도 사정이 달랐습니다. 빌립이나 안드레는 그 이름 하나뿐이었고, 바울과 달리 이스라엘 땅에서도 그 이름으로 살았던 사람들이었습니다. 유대교의 전통과 율법을 소중히 여기는 동료제자들이라면 그에게 거리감을 넘어 약간의 적대감까지 지니고 있었을지 모릅니다. 어쩌면 우리나라에서 그리 좋은 의미로 쓰이지 않는 '검은 머리 미국인' 같은 취급을 당했을지도 모르지요. 그래서 빌립은 더 외롭지 않았을까요? 안드레에게는 베드로라는 형이라도 있었지만, 빌립에게는 자기와 비슷한 사람이 안드레 말고는 아무도 없었던 셈이니까요. 그래도 다행히 안드레는 빌립과 친하게 지냈던 모양입니다. 그와 한동네 사람이기도 했고, 헬라식 교육에 대한 경험도 있었을 테고, 둘 다 헬라어를 할 줄 알았을 테니 다른 사람들과는 다른 여러 공통점들로 인해 둘 사이는 꽤나 돈독했던 모양입니다. 그래서인지 전설에 따르면 예수께서 승천하신 후 빌립은 안드레와 짝을 이루어 그리스를 무대로 전도여행을 했다고 합니다.

헬라인들을 예수님과 이어주다

앞서도 언급했듯 빌립은 그의 이야기를 다룬 요한복음에서조차 거의 존재감이 없는 제자였습니다. 요한복음은 빌립과 예수님의 대화를 두 군데서 전하고 있는데, 오병이어 기적에서든(요 6:5~7) 최후의 만찬 자리에서든(요 14:7~9) 빌립의 말은 스승의 의도와 정체에 대한 그의 무지를 드러낼 뿐이었습니다. 말이 아닌 그가 한 일에 대한 유일한 묘사는 요한복음 12장에 등장합니다. 예수께서 제자들과 함께 예루살렘에 계셨을 때 예루살렘으로 순례를 온 몇 명의 헬라인이 예수님을 찾아옵니다(요 12:20~23). 그런데 이 헬라인들은 예수께 직접 가지 않고 먼저 빌립에게 부탁합니다. 자신들을 예수께 데려가 달라고요. 그러자 빌립은 안드레와 함께 스승에게 가서 소식을 전합니다. 빌립의 이름으로 그의 배경을 짐작하게 된 우리는 이제 왜 헬라인들이 굳이 빌립을 찾아갔는지 이해할 수 있습니다. 그들에게 빌립은 예수님의 모든 제자 중 유일하게 헬라어를 할 수 있었던 사람, 즉 유일하게 자신들과 의사소통을 할 수 있는 사람이었기 때문입니다.

이 대목에서 한 가지 알아야 할 점은 성경에서 말하는 '헬라인'은 헬라민족을 가리키는 말이 아니라는 사실입니다. 다시 말해 헬라인은 그리스라는 국가의 국민을 뜻하는 말이 아닙니다. 신약성경에서 '헬라인'이나 '그리스인'을 말할 때 이것은 출신 민족이나 출신 국가를 가리키는 것이 아니라 헬라어를 사용하는 모든 사람을 가리킵니다. 즉 헬라인은 민족적이거나 국가적인 개념이 아니라 문화적인 개념입니다. 그러니까 신약성경에서 '헬라인'이라고 지칭할 때는 어느 지역 어느 나라에 살든, 심지어 로마에 사는 로마인들까지 포함하여 헬라어 영향권 아래 있는 모든 사람, 헬라어를 사용하는 모든 사람을 가리킵니다. 따라서 유대인 입장에서 볼 때 헬라인은 유대인이 아닌 모든 민족, 즉 이방인과 동일한 의미를 가진 단어가 됩니다. 그래서 사도 바울은 '헬라인' 또는 '그리스인'이라는 표현을 '이방인'과 동일한 의미로 사용하고 있는 것입니다. 그러므로 예수님을 찾아온 헬라인들은 그 정확한 출신지는 알 수 없으나 유대인들이 아닌, 헬라어를 사용하는 이방인들을 뜻합니다.

　　잠깐 스치듯 묘사된 이 사건은 요한복음에서 매우 중대하고 심오한 의미를 지닌 사건입니다. 우리가 이미 알고 있듯이 예수께서 십자가에 달리시고 부활하신 이후 복음은 이방인들을 향해 나아갑니다. 그리고 하나님의 은혜는 유대인들을 넘어 이방인들에게로, 유대인과 이방인의 경계를 허물고 전 세계로 확장됩니다. 몇몇 이방인들이 예루살렘에서 예수를 찾은 사건은 바로 이 엄청난 역사의 전조입니다. 로마의 백부장처럼 팔레스타인에 살고 있는 이방인이 아니라, 저 멀리 이방 땅에 살고 있는 이방인들이 예수께 나아옵니다. 요한복음은 진정한 성전은 예루살렘의 성전 건물

빌립은 이방인들을
예수님과 이어주었습니다.

이 아니라 예수님의 인격이라고 선포합니다(요 2:21). 그렇다면 이것은 구약성경의 예언자들이 선포한, 모든 민족이 예루살렘 성전으로 올라와 경배하게 될 것이라는 종말에 대한 위대한 예언의 성취이기도 합니다. 과연 예수님도 이 몇몇 헬라인들의 방문을 결코 가벼이 여기지 않으셨습니다. 이 사건을 두고 예수님은 인자가 영광을 얻을 때가 왔다고 선언하십니다(요 12:23). 자신의 십자가 죽음을 암시하시며 자신이 땅에서 들리면 모든 사람을 자신에게 이끌겠다고 예언하십니다(요 12:32). 빌립은 바로 이 어마어마한 일의 증인이요 매개가 된 것입니다.

　　빌립은 그저 자신만이 할 수 있는 아주 작은 일을 했을 뿐이나 하나님은 그를 통해 세상을 완전히 변혁시킬 엄청난 역사의 시작을 알리십니다. 그가 한 유일한 일은 통역사로서 예수님을 찾아온 헬라인들을 예수님과 만나게 해준 일이었습니다. 그러나 그 일을 통해 빌립은 십자가 사건 이전에 이방인들이 예수 그리스도를 만날 수 있도록 중재했습니다. 그의 이름이 시몬이나 유다였다면 불가능했을 일을 그는 빌립이기에 해낼 수 있었습니다. 그것을 가능케 했던 것은 그의 노력이나 의지가 아니라, 그의 어떠함이었습니다. 생각해보면 예수님과의 대화에서 드러난 별 생각 없어 보였던 그의 성격은 어찌 보면 그의 인생에 가장 큰 장점으로 작용하기도 했습니다. 빌립은 나를 따르라는 주님의 말씀에 별 고민 없이 그냥 따랐고, 따르자마자 바로 다른 사람을 예수께 데려왔습니다. 잘 설득하거나 설명할 수도 없어서 정말 그답게 그냥 "와서 보라."고만 말했을 뿐이었습니다. 그렇게 빌립은 나다나엘을 주님께 이끌었습니다(요 1:43~47).

　　그리고 보면 빌립은 그저 데리고만 오는 사람이었습니다. 이런 빌립의 모습은 자신은 하나님 나라의 영광을 위하여 크게 기여할 능력이나 재능이 없다고 여기는 그리스도인들에게 큰 위로를 줍니다. 그저 예수님 근처로 누군가를 데려오기만 해도 그것은 실로 멋지고 굉장한 일이라고, 그저 누군가를 예수님과 이어주기만 해도 그것은 세상을 바꾸는 엄청난 일이라고 빌립은 우리에게 말해줍니다. 헬라어 이름을 지닌 빌립, 그는 그 이름답게 헬라인들을 예수님과 이어주었습니다. 한두 가지 이설이 있으나 전설에 따르면 빌립은 안드레와 함께 흑해 서부 스키티아 지방에서 사역하다가 그의 나이 87세 때 현재 터키 지역인 소아시아 프리기아 지방의 히에라폴리스에서 십자가형으로 순교했다고 전해집니다. 스승과 함께 살았을 때 사람들을 예수께로 데려왔던 빌립은 스승이 부활하여 승천한 이후에도 끝까지 사람들을 주님께로 이끌다가 삶을 마쳤습니다.

PART 4
유다

유다의 최후 보고서

예수의 죽음에 대한 보고서

당원 유다가 엘리아살님께

계획은 실패로 돌아갔습니다. 그렇게 궁지로 몰아넣으면 결국은 권능의 힘을 보여주리라 생각했는데……. 귀신을 쫓아내고, 수천 마리의 돼지 떼를 물속에 처넣고, 폭풍에게 명령해 잠잠하게 하고, 물 위를 걷던 그 기적의 힘으로 로마놈들을 박살낼 것이라고 생각했는데, 그저 어처구니없는 결과를 보고 말았을 뿐입니다. 그는 그냥 죽었습니다. 그냥, 죽었습니다. 그가 도살장에 끌려간 양처럼 무력한 모습으로 아무것도 하지 않을 줄은 꿈에도 몰랐습니다.

로마인들이 그를 십자가에 못 박았을 때까지만 해도 저는 기대를 버리지 않았습니다. 멀리서 십자가에 달린 그를 바라보며 이제 가장 드라마틱한 순간에, 모든 인간들이 마지막이라고 생각하는 바로 그 순간에 하나님의 천군천사들이 하늘에서 내려와 메시아를 구하고 로마인들을 박살낼 것이라고 저는 끝까지 믿었습니다. 이제 하나님의 도성 예루살렘에서 시작하여 온 나라로 하나님의 구원과 해방의 물결이 퍼지리라 믿어 의심치 않았습니다. 그러나 그는 아무것도 하지 않은 채 그냥 죽고 말았습니다.

저를 혼란에 빠뜨린 것은 그가 할 수 없었던 것이 아니라 하지 않았다는 사실입니다. 네, 그는 분명히 상상도 할 수 없는 엄청난 힘을 지녔지만 최후까지도 그 힘을 사용하지 않았습니다. 심지어 죽음에 이르기까지도 말입니다. 그가 어떤 능력을 가지고 있는지 저는 수년간 그와 함께 다니며 두 눈으로 똑똑히 보았습니다. 아무도 믿지 못할 것만 같아 차마 보고 드리지 못한 일들도 수없이 많았습니다. 그런 그가 그냥 그렇게 죽다니요. 저는 제가 눈으로 본 이 사실을 아직까지도 믿을 수가 없습니다.

언젠가 당원동지들에게 엘리아살님께서 제가 예수를 잘못 본 것은 아닐까 의심하신다는 소리를 들은 적이 있습니다. 지금 분명하게 말씀드리지만 천만의 말씀입니다. 제가 누굽니까? 당원 중에서도 가장 냉철하고 냉혹한, 그리고 가장 유능하고 영리한 유다입니다. 그런 제가 허풍선이 거짓 주술사와 참 능력자를 구별하지 못할 것이라 생각하시나요? 수년간을 그와 함께 있으면서 그의 말과 행동을 면밀하게 관찰했던 저입니다.

그가 신이라 할지라도 그는 결코 저의 눈을 피하고 속일 수 없었을 것입니다. 그는 진정으로 하나님의 사람이라고 불릴 만한 사람이었습니다. 더러운 로마놈들 식으로 말한다면 황제 따위가 아니라 그야말로 진정한 신의 아들인 셈이었지요. 그와 함께 오랜 세월을 지내면서 얻은 직접적인 경험과 숙고를 통하여 저는 그가 진짜 메시아일 것이라는, 혹 메시아가 아닐지라도 최소한 엘리야 같은 권능의 대선지자라는 확신에 도달했던 것입니다.

예루살렘 성전 북벽 안토니 요새에서 내려다보고 있는 로마인들 앞에서 성전을 뒤엎는 예수를 보면서 이제 드디어 끝의 시작이구나 하고 기쁨에 가득 찼던 저였습니다. 그가 해방을 기리는 유월절에 성전으로 모여든 이스라엘 백성들의 마음을 흔들어 놓았을 때 두려움과 긴장으로 굳어졌던 로마놈들의 표정과 흔들리는 눈빛이 아직도 기억에 생생합니다. 만일 그때 그가 단 한마디, "이 도시는 주님의 것이다!"라고 한마디만 했어도 백성들은 안토니 요새를 부수고 예루살렘의 모든 로마인들을 쓸어버렸을 것입니다. 최소한 예루살렘은 순식간에 거룩한 하나님의 도성의 모습을 회복했겠지요.

그런데 무슨 이유에서인지 그렇게 좋은 기회를 그는 활용하지 않았습니다. 그리하여 저는 이전에 보고 드렸던 대로 나름대로 그를 행동으로 몰아세울 계획을 세웠고, 계획은 성공적이었습니다. 백성이야 어찌 됐든 제 배만 불리고 제 살길 찾기에만 급급한 더러운 제사장들에게 예수를 넘겨주는 일은 너무도 간단했습니다. 그들은 메시아가 로마인들을 만나면 어떤 엄청난 일이 벌어질지 상상도 못한 채, 자신들 역시 심판을 당할 것이라는 사실도 모른 채 그저 기쁘게 제안을 받아들여 예수를 로마인들에게 넘기더군요. 모든 것이 한 치의 오차도 없이 계획대로 진행되었습니다. 그런데 도대체 왜 예수는……. 오, 하나님, 왜 이런 말도 안 되는…….

그러고 보니 최근 들어 스승님은 자주 우리에게 자신이 고난을 받고 죽임을 당하고 부활해야 한다고 말하곤 했습니다. 물론 우리 중에 그 말을 액면 그대로 받아들인 사람은 없었습니다. 다들 무슨 상징이나 은유로 생각했을 뿐이지요. 하나님의 도성 예루살렘을 눈앞에 두고 이 기적의 사나이와 함께이면서 죽음과 패배를 상상할 수 있는 자는 아무도 없었습니다. 그런데 죽음을 향한 허망한 돌진이라니요, 그것도 어떤 목적 달성을 위한 자살특공대도 아닌 그저 칼날을 향해 목을 들이미는 짓이라니요, 이런 말도 안 되는 행동이 바로 그가 한 일이었습니다.

그와 고락을 함께하며 나눈 세월만 아니었다면 나는 즉시 그를 저주하고 다시 대로마 무장투쟁에 돌입했을 것입니다. 그렇지만 지금은 그저 모든 것이 혼란스럽습니다. 그가 천한 인간들에게 보여 준 애정과 기품은 어쩌면 그의 행동에 내가 이해할 수 없는 차원의 의미가 있을지도 모른다는 당혹감을 주고, 하나님의 통치에 대한 그의 가르침을 떠올려 보면 그의 최후의 행동과도 어렴풋한 일관성이 있다는 인상마저 듭니다.

신념, 대의, 의무, 희생, 이 모든 것이 머릿속에서 엉망이 되었고, 나는 이제 내가 무슨 짓을 한 것인지조차 가늠할 수 없습니다. 그리고 가늠할 수 없는 깊은 혼란으로 나는 이제 더 이상 아무것도 할 수 없는 자가 되고 말았습니다. 그의 죽음과 함께 나도 죽은 것이나 다름없게 된 것입니다. 결국 스승님은 내 삶을 망쳐놓고 말았군요. 이제 나는 칼을 들 수도 없는 사람이 되었습니다. 칼을 들 수 없는 암살자라니, 어떤 식으로든 쓸모없는 인간입니다. 그러므로 이 보고서는 저의 마지막 보고서가 될 것입니다. 그리고 이제 아무도 나를 찾아내지 못할 것입니다.

내일은 그가 부활을 예고한 날입니다. 물론 우리 형제들 가운데 아무도 그분이 다시 살아나실 것이라고 믿는 사람은 없습니다. 그렇게 처참한 죽음을 맞이한 사람이 다시 살아난다니, 아니, 다시 살아난다 해도 여전히 전과 같은 생각의 사람이라면 어차피 희망은 없는 셈입니다.

정보망을 동원해 저를 찾으려는 시도는 하지 말아달라는 마지막 부탁을 드립니다. 지금까지 제가 당과 엘리아살님을 위해 얼마나 희생하고 헌신했는지 제일 잘 아실 테니 그 정도의 마지막 요구는 과하지 않다고 생각합니다. 차라리 제가 죽었다고 동지들에게 전해주셔도 좋겠습니다. 어찌 보면 아주 틀린 말도 아니니까요.

이제 형제들과 스승을 따르는 추종자들은 스승을 돈에 판 자라며 내 이름을 영원히 저주하겠지요. 하지만 그런 것은 이제 아무 상관 없습니다. 나는 지금 이 밤을 견딜 수 있을지조차 모르겠으니까요. 마지막 인사를 전합니다. 샬롬.

이유 있는
배반?

성경 속 유다 다시 보기

예수님의 모든 제자 중에서 가룟 유다는 가장 드라마틱하고 가장 미스터리한 제자임에 틀림없습니다. 가장 드라마틱하다는 점에 대해서는 단연코 그의 배신을 들 수 있습니다. 동서고금을 통틀어, 그리고 그리스도교 세계와 비그리스도교 세계를 통틀어 유다는 베드로에 버금갈 만큼 유명한 제자입니다. 그러나 유명함의 내용과 성격에서 두 사람은 정반대에 위치한 인물들이기도 합니다. 자신의 스승인 예수님을 배반한 유다, 긴 세월 동안 헌신적으로 스승을 따라다녔고 스승에게 수많은 가르침을 배웠을 터이건만 유다는 스승이 자신을 가장 필요로 했을 그 시점에 스승을 배신했습니다. 단순히 스승의 신뢰를 배반하고 스승을 떠난 것이 아니라 스승이 살해당하는 데 결정적인 역할을 했다는 점에서 이 배반은 더욱 끔찍했습니다. 그 이후로, 한때 예수님의 열두 제자라는 엄청난 축복의 지위를 차지했던 유다는 오고 오는 역사 속에서 배반의 아이콘이 되었습니다. 이스라엘의 가장 복된 이름 중 하나, 다윗의 가문으로 메시아가 나오기로 되어 있었던 지파의 이름이기도 한 '유다'라는 이름을 지녔건만, 유감스럽게도 제자 유다는 축복이 아니라 저주의 상징이 된 것입니다. 이렇게 가룟 유다는 가장 드라마틱한 제자가 되고 말았습니다. 그런데 유다는 가장 미스터리한 인물이기도 합니다. 그에 관한 미스터리는 두 가지 요소에서 발생하는데, 하나는 그의 이름으로부터이고 다른 하나는 그의 배신의 동기로부터입니다.

이름을 둘러싼 미스터리

먼저 그의 이름을 살펴보면 유다의 이름에는 늘 '가룟'(영어로는 Iscariot으로 표기합니다. 그러니까 성경에 표기된 '가룟'보다는 '이스카리옷'이 좀 더 정확한 발음입니다.)이라는 별칭이 함께 따라다닙니다. 그렇게 유다는 언제나 '이스카리옷 유다(Judas Iscariot)'라고 불리지요. 그런데 '이스카리옷'이라는 단어는 예수님의 제자 유다의 이름 이외에는 성경 그 어디에서도 발견되지 않습니다. 즉 이스카리옷이 정확히 무엇을 뜻하는지 알 수 없다는 난처한 문제가 발생한 것입니다.

연구 끝에 학자들은 이 별칭의 의미에 대해 두 가지 가설을 제시했습니다. 첫 번째 가설은 이 별칭을 지명과 연결시킨 가설입니다. 보통 이스라엘 사람들은 예수(히브리어 이름인 '예수아'의 그리스식 표기)나 마리아(히브리어 이름인 '미리암'의 그리스식 표기)처럼 동명이인이 많은 이름에 대해서는 특정인을 구분하기 위해 같은 동네에서라면 '세베대의 아들 야고보', '알패오의 아들 레위', '요한의 아들 시몬'처럼 부모의 이름을 함께 표기하거나, 다른 도시에서라면 그 출신지명을 따라 나사렛 출신의 예수니까 '나사렛 예수', 막달라 출신의 마리아니까 '막달라 마리아'처럼 당사자의 출신지를 함께 표기하여 사용하곤 합니다. 이런 맥락에서 첫 번째 가설을 지지하는 사람들은 이스카리옷을 두 번째 경우인 출신지명과 연결시킵니다.

지명으로서도 이스라엘에 이스카리옷이라는 지명은 존재하지 않지만 이스카리옷이라는 단어가 유다 지역의 한 도시 이름인 '카리옷'에 히브리어로 사람을 뜻하는 '이쉬'를 합쳐서 만들어진 단어라고 보는 것이지요. 그러니까 이스카리옷은 '이쉬 카리옷', 즉 '카리옷 사람'이라는 말에서 유래했다고 설명합니다.(참고로 우리말 번역 성경 중 공동번역은 이 가설을 따라 가롯 유다를 모두 '가리옷 사람 유다'로 번역하고 있습니다.) 이 가설에 따른다면 유다는 예수님을 포함한 다른 모든 제자가 갈릴리 지역 출신인데 반해 유일하게 유다 지역 출신인 제자가 됩니다. 당시 갈릴리는 수도가 위치한 유다 지방 말과는 다르게 강한 사투리를 사용하던 지역이었습니다. 만일 유다가 정말 카리옷 출신의 제자였다면 수도와 변방이라는 지역적 측면에서나, 표준어와 사투리라는 언어적 측면에서나 유다는 여러모로 제자 그룹에서 이질적인 사람이었을 것입니다.

이스카리옷에 관한 두 번째 가설은 별칭을 지역 이름과 관련짓는 것이 아니라 그 사람의 특징을 말해주는 별명으로 봅니다. 이 가설은 예수님께서 시몬에게 직접 붙여주신 '베드로(반석)'라는 별명이나 야고보 형제에게 주신 '보아너게(천둥의 아들)'라는 별명처럼 '이스카리옷'을 유다의 별명으로 간주합니다. 그리고 결정적으로 많은 사람들이 유다의 배신 동기를 바로 이 '이스카리옷'이라는 별명에서 유추합니다. 바리새파, 사두개파, 에세네파 등 예수님 당시 유대교 내에는 각각의 신학적 입장 차이에 따른 여러 종파들이 존재했습니다. 바리새파와 사두개파는 성경에도 자주 등장하여 우리에게도 이미 낯익은 종파이지요. 이 종파들 이외에도 과감하게 폭력을 사용하여 로마제국에 대항했던 극단주의자들로 이루어진 종파가 있없는데 그 종파가 바로 열심당(젤롯당, 열혈당, 혁명당 등으로도 불립니다)입니다. 이들은 로마인들이나 로마의 부역자들을 암살하는 일도 서슴지 않았는데, 열심당에서 활동하던 이런 자객들과 암살자들을 가리키는 말이 바로 '시카리(sicarii)'였습니다. 시카리라는 집단의 명칭은 라틴어에서 단도를 가리키는 시카(sica)에서 유래한 말입니다. 그러니까 말하자면 '시카리'는 칼을 지니고 다니는 암살자라는 의미겠지요. 이스카리옷을 유다의 별명으로 보는 사람들은 이 이스카리옷이라는 단어가 '시카리'에서 왔을 것이라고 추측합니다. 시카리와 이스카리옷, 분명히 두 단어의 발음에는 비슷하게 들리는 유사점이 존재하니까요.

유다는 열심당원이었을까?

성경은 실제로 예수님의 제자들 중 열심당원으로 불리는 제자가 존재하고 있었다고 전합니다. 마태복음 10장 4절의 개역개정 번역 성경이 열두 제자 명단의 마지막 부분에서 거명한 '가나나인 시몬'이 바로 그 사람입니다. 개역개정 번역 성경은 '가나나인'이라는 부분에 다음과 같은 각주를 달아 이 점을 분명하게 합니다. "아람어에서 온 말로 열심당원이란 뜻이다." 새번역 성경은 같은 구절을 보다 알기 쉽게 '열혈당원 시몬'이라고 번역합니다. 이렇게 예수님의 제자들 중에는 적극적으로 폭력을 행사하던 극단주의자도 있었던 것입니다. 흥미롭게도 마태복음과 마가복음의 제자 명단에서는 시몬과 유다가 명단의 마지막에 함께 언급되고 있습니다. 어쩌면 두 복음서의 저자들은 이 두 제자를 같은 부류의 사람이라고 생각했던 것일까요? 우리는 이 대목에서 예수께서 십자가에 달려 돌아가시기 직전 제자들에게 칼이 없는 자는 겉옷을 팔아서 칼을 사라고 비유로 말씀하셨을 때, "주님, 보십시오. 여기에 칼 두 자루가 있습니다(눅 22:38, 새번역)." 라고 제자들이 대답했던 장면을 떠올릴 수 있습니다. 그러니까 예수님의 제자들 가운데는 상시로 칼을 휴대하고 다녔던 사람이 최소한 두 사람은 있었다는 말이겠죠. 혹시 그 두 사람이 시몬과 유다였을까요? 구체적인 증거가 없으므로 더 이상 상상의 나래를 펼칠 수는 없지만 최소한 가룟 유다가 열심당원의 일원이었을 것이라는 가설은 상당한 개연성이 있어 보입니다. 그렇다면 유다는 아예 '열심당원'으로 명시된 제자 시몬과 더불어 예수님의 또 다른 열심당원 제자였던 셈입니다. 그리고 바로 이 지점에서 유다가 스승인 예수님을 팔아넘긴 것은 단순히 돈 때문이 아니라 예수님의 어떤 행동을 촉발하기 위한 정치적 목적에 기인한 것이라는 추론이 등장하게 됩니다. 이제 우리는 배신의 동기라는 두 번째 미스터리 속으로 본격적으로 진입하게 된 것입니다.

유다는 왜 스승 예수를 배신했는가?

요한복음은 유다가 공동 자산을 관리하는 자이며 그 돈을 횡령하는 도둑이었다고 비난하면서(요 12:6) 유다가 예수님을 판 것 역시 돈 때문이라는 인상을 주려고 하지만, 성경에는 유다가 단지 돈 때문에 스승을 팔아넘겼다고 보기에는 납득할 수 없는 정황 역시 발견됩니다. 복음서 중 마태복음은 예수님을 팔아넘겼던 유다가 정작 예수께서 유죄 선고 받으신 것을 보고는 자신의 행동을 뉘우치고 받은 돈을 돌려주고는 목을 매어 자살했다고 전하기 때문입니다(마 27:3~5). 단지 돈 때문에 예수님을 넘겼다는 가정으로는 이런 유다의 행동을 설명할 길이 없습니다. 돈만을 목적으로 했던 도둑이었다면 돈을 얻었으니 도망치는 것이 당연했을 것이기 때문입니다. 그가 자신의 행동을 뉘우치고 자살까지 감행했다는 사실은 그가 예수님을 넘긴 것에 돈 말고 다른 이유가 있었으리라는 합리적인 추론을 가능하게 합니다.

많은 사람들이 그 이유를 그가 열심당원이었을 것이라는 가능성에서 찾습니다. 즉 유다는 오래도록 스승과 함께 지내고 그를 관찰해온 결과 자신의 스승을 종말에 도래할 진정한 메시아로 믿었을 것입니다. 메시아이신 스승 예수께서 마침내 로마인들에게 점령된 하나님의 도성 예루살렘에 입성하시기만 한다면, 이제 세상은 하나님의 통치로 진입할 것입니다. 로마의 폭정은 종말을 맞고 악마의 제국은 무너질 것이며, 주님의 백성은 해방되고 세상 모든 민족이 하나님을 경배하러 시온 산으로 몰려들 것입니다. 이렇게 유다는 굳게 믿었을 것입니다. 그런데 정작 예수님은 예루살렘으로 올라가는 길 위에서 알 수 없는 말씀들을 하시기 시작합니다. "사람의 아들은 고난을 받아야 한다. 많은 열매를 맺기 위해서 한 알의 밀알이 땅에 떨어져 죽어야 한다." 그의 스승은 유다 입장에서는 이해할 수 없는 말들을 쏟아내십니다. 위대한 전투와 악에 대한 하나님의 최후 승리를 꿈꿔왔던 열심당원 유다로서는 예루살렘 입성을 앞둔 예수님의 말과 태도가 이해될 리 없었고, 심지어 두려움까지 느꼈을 것입니다. 실제로 예루살렘에 입성한 다음에도 스승의 태도가 변하지 않는 것을 보고 어쩌면 유다는 스승을 궁지로 몰아넣으면 자신이 내내 곁에서 봐왔던 그분의 놀라운 신적 능력이 발현되리라 믿었을지도 모릅니다. 그렇게 유다는 위대한 반전을 기대하면서 자신의 스승을 죽음의 궁지로 몰아넣었을지도 모릅니다. 그러다가 마침내 자신의 실수를 깨닫고는 스스로 목숨을 끊어 죗값을 치르고 말았다는 것입니다.

가룟 유다에 대한 문학과 예술의 많은 현대적 수용이 바로 이런 식의 해석에 근거하고 있습니다. 유다는 돈 때문이 아니라 다른 의도와 목적으로 스승을 넘겼다는 것이죠. 여기에는 유다가 다른 제자들에 비해 현실적이고 똑똑한 사람이었을 것이라는 가정도 포함되어 있습니다. 어떤 조직에서든 재정은 가장 똑똑한 사람이 담당하기 마련입니다. 예수님과 함께 다니던 많은 일행들의 재정을 총괄하여 담당한 유다는 분명히 그럴 자격과 능력을 갖춘 총명한 제자였을 것입니다.

그런데 그가 다른 제자들보다 뛰어났을 것이라는 가정은 이미 꽤 오래전부터, 즉 그리스도교가 발생하고 난 후 꽤 이른 시기부터 있었던 모양입니다. 약 2세기쯤 기록된 것으로 알려진 「유다 복음」은 신기하게도 가룟 유다를 주인공으로 삼은 외경입니다. 놀랍게도 이 「유다 복음」에서는 가룟 유다가 다른 제자들과는 차원이 다르게 예수 그리스도를 가장 잘 이해한 것으로 묘사되어 있습니다. 역사적 신빙성을 전혀 기대할 수 없는 내용을 담은 문서이긴 하지만 심지어 「유다 복음」은 예수께서 더 큰 구원의 목적을 이룩하기 위해 유다에게 자신을 배반하라고 직접 종용한 것으로까지 묘사하고 있습니다. 현대에 이르러 유다야말로 예수 그리스도를 가장 잘 이해한 제자였으며 그가 예수님을 배반한 것은 예수님의 요청에 의해

서였다는 식의 상상은 마틴 스콜세지 감독에 의해 영화로도 제작되었던 그리스의 대문호 니코스 카잔차키스의 소설 『최후의 유혹』에서도 발견됩니다. 뮤지컬계의 거장 앤드루 로이드 웨버의 걸작 록 오페라 《지저스 크라이스트 슈퍼스타》에서도 유다는 예수님과 대등한 주인공으로 등장하면서 다른 제자들과 달리 당시의 사태를 가장 현실적으로 파악하는 똑똑한 제자로 등장합니다. 실제로 유다는 욕심에 눈 먼 탐욕가가 아니라, 철저한 목적과 계획을 지녔던 설계가였을지 모릅니다.

유다의 죽음

아, 그러고 보니 마지막으로 가룟 유다를 둘러싼 미스터리에 한 가지 요소를 더 추가해야 하겠습니다. 유다의 미스터리와 관련하여 그의 죽음에 대한 언급을 빼놓을 수 없기 때문입니다. 유다는 죽음마저도 미스터리로 가득 차 있습니다. 당장 성경 내에서조차 그의 죽음에 관한 이야기가 일치하지 않기 때문입니다. 앞서 말한 것처럼 마태복음에 따르면 자신의 잘못을 뉘우친 유다는 배신의 대가로 받은 돈을 버리고 자살을 감행합니다(마 27:5). 그런데 이 자살사건에 대해 마가복음과 요한복음은 침묵합니다. 이상한 일입니다. 만일 마가복음과 요한복음의 저자 역시 유다의 자살을 알고 있었다면 그렇게 결정적인 사실을 자신의 복음서에서 빼놓을 수 있었을까요? 하지만 더욱 이상한 것은 사도행전에 나타난 유다의 죽음입니다. 사도행전에 따르면 유다는 예수님을 판 돈을 돌려준 것이 아니라 그 돈으로 밭을 샀다고 합니다. 그러고는 거꾸러져 배가 터지고 창자가 흘러나와 죽었다고 합니다(행 1:18). 마태복음에 나타난 자발적 자살을 통한 죽음과 사도행전에 나타난 사고로 인한, 또는 천벌로 인한 죽음은 명백하게 다른 죽음입니다. 즉 성경 안에서 전해지는 유다의 죽음에 대한 묘사는 서로 일치하지 않습니다.

여기에 더해 성경 밖에서 전해지는 유다의 죽음 이야기가 하나 더 있습니다. 성경이 기록된 시기와 비슷한 시기에 히에라폴리스의 주교 파피아스(60~130년경)는 「주님의 말씀」 단편 3장에서 다음과 같이 유다의 최후를 전합니다. "유다는 이 세상에서 불경의 큰 본보기로 처신했다. 그는 몸이 엄청나게 부어올라 마차가 쉽게 통과할 수 있는 곳도 통과할 수 없을 지경이었다. 아니, 그의 머리통조차도 통과할 수 없을 지경이었다. 소문에 따르면 그는 눈꺼풀이 엄청나게 부풀어서 전혀 빛을 볼 수 없을 지경이었다. 의사가 검안경을 사용해도 그의 눈을 들여다볼 수 없을 지경이었다고 한다. 눈이 눈언저리에서 그처럼 깊이 박혀 있었던 것이다. 그의 음부는 어떤 흉물보다도 흉하고 크게 보였다. 수치스럽게도 온몸에서 고름과 구더기들이 음부로 흘러나왔으니, 이는 필연적 현상이었다. 소문에 따르면 그는 많은 고통과 죄벌을 겪은 다음 제 토지에서 죽었는데, 그 토지는 냄새가 나서 이제까지도 사람이 살지 않는 황량한 땅이 되었다. 아니, 손으로 코를 막지 않고서는 오늘날까지도 사람이 그곳을 지나갈 수조차 없다고 한다. 그의 몸에서 그처럼 많은 분비물이 땅으로 흘러내렸던 것이다(분도출판사, 『200주년 신약성서 주해』에서 발췌)." 어찌 보면 사도행전의 묘사와 비슷한 점도 있어 보이지만 파피아스의 묘사는 훨씬 더 비참하고 잔혹합니다.

유다의 최후에 대한 상이한 세 가지 버전은 실제로 그의 최후에

입맞춤을 통한 배신은
이율배반적입니다.

대해서 사람들이 알고 있는 것이 거의 없었다는 사실을 반증합니다. 어쩌면 배반 이후 그의 거취에 대해 침묵을 지켰던 마가복음과 요한복음이 역설적으로 역사적 사실에 보다 더 가까울 수 있겠다는 생각이 듭니다. 유다의 죽음에서 분명한 한 가지는 그의 죽음이 불분명하다는 사실뿐입니다. 가룟 유다는 스승인 예수님을 배반한 직후 모든 사람의 시선에서 갑자기 사라져버린 것 같습니다. 하지만 배신자의 안온한 최후를 용납할 수 없었던 사람들은, 더구나 그 배신이 우리의 주님이신 예수 그리스도에 대한 배신이라면 더욱 더 용서할 수 없었던 사람들은 저마다 그의 비참한 최후를 상상하고 이야기를 만들어낸 것 같습니다. 이름으로부터 시작하여 정체, 배신의 동기, 배신 이후와 그의 최후, 그 어느 것도 유다와 관련해서는 분명한 것이 없습니다. 그리고 성경은 분명하지 않은 이 인물을 자세한 설명 없이 그대로 예수님의 이야기 속에 넣어두고 있습니다. 독자로서 더욱 궁금한 것은 배반 이후의 이야기가 아니라 배반의 계기와 동기일 텐데도 성경은 그저 침묵할 뿐입니다. 그저 돈에 눈이 멀었기 때문이라는 옛 사람들의 비난에 대해서도, 배반의 역할을 떠맡게 된 것 역시 하나님의 예정이라면 어떻게 그를 비난할 수 있겠냐며 유다를 변호하려는 현대인들의 목소리에 대해서도, 속 시원한 대답을 얻어낼 길은 영영 없어 보입니다.

    입맞춤을 통한 배신이라니 이 얼마나 이율배반적인가요? 만일 유다가 배반을 하지 않았더라면 예수께서 십자가에 달리실 일도 없었을 것입니다. 성경 이야기를 따라가 보자면 예루살렘으로 들어가신 후 예수님은 낮에는 성전에서 공공연하게 활동하셨지만 밤에는 사람들의 눈을 피해 매일 밤 거처를 옮겨 다니셨거든요. 내부의 배신자가 정확한 위치를 알려주지 않는 이상 대제사장들이 예수님을 찾아내기는 불가능했을 것입니다. 그러기에 달리 생각해보자면 유다의 배신은 예수님을 십자가로 이끈 수단이 됩니다. 분명 유다는 다른 계획을 가지고 있었을 터이고 우리는 그의 생각을 알 길이 없지만, 어쨌든 하나님은 그의 배신을 통해 당신의 구원 계획을 완성하셨습니다. 인간의 악함조차 선한 은혜와 구원의 도구로 삼으시는 하나님의 섭리가 유다 사건에 깃들어 있다는 것이 어쩌면 진정한 궁극의 미스터리일 것 같습니다.

PART 5
맞대

마태의 일기

---◆---

혐오 시선에 개의치 않는 법

이제 얼마 남지 않은 예루살렘, 모든 것이 드디어 끝나가고 있다. 이 오르막길로의 여정은 순탄한 여행길이 아니었다. 최근 몇 달은 특별히 힘들었다. 스승님과 동행하며 하는 일은 언제나 거의 같았다. 거친 길을 한참 걸어 마을이나 도시에 도착하면 마을 장터나 도시 광장에서 스승님은 하나님의 말씀을 전하시기 시작한다. 이제 더 이상 사람들을 모으려 애쓸 필요는 없었다. 스승님은 이미 온 팔레스타인의 유명인물이기 때문이다. 사람들은 그분에게서 주께서 보내실 메시아의 모습을 보고 있다. 도대체 그가 아니라면 누가 메시아일 수 있겠는가. 사람들의 기대가 높아가면서 스승님의 말씀에는 더욱 힘이 실리고 그 파급력 또한 고조되고 있다. 어디를 가나 군중은 그를 에워싸고 그의 입에서 나오는 말씀과 손에서 나오는 능력을 갈망한다.

 나는 하루를 마치면 기억나는 대로 스승님의 새로운 말씀들을 적어 놓으려고 노력한다. 그냥 공중으로 사라지게 두기엔 너무나도 귀중한 말씀들이기 때문이고, 나라는 사람은 상황과 사람에 따라 변하기 쉬운 소리보다 고정되고 영속적인 글을 신뢰하는 인간이기 때문이다. 아니, 그렇게 거창한 이유가 아니라 어쩌면 매일 장부를 확인하고 기록하던 과거의 단순한 직업적 습성 때문인지도 모른다.

오늘은 특별히 기록해 두어야 마땅한 사건이 있었다. 우리는 여리고 시내로 들어와 길을 걷고 있었다. 사람들이 이미 스승님을 알아보고 주위를 잔뜩 둘러싸며 함께 걷고 있었다. 그때 저 멀리 돌무화과나무 위로 누군가 서둘러 올라가는 모습이 눈에 들어왔다. 마침 우리가 지나가는 길가의 나무였다. 스승님과 함께 맨 앞에 서서 걸어가던 나는 스승님께 말했다. "스승님, 저기 급하게 나무 위로 올라가는 사람 보셨나요? 저 사람 대체 뭘까요?" 그러자 그분은 씩 웃으며 이렇게 대답하셨다. "네, 나도 봤습니다. 왠지 오늘은 편안한 잠자리에서 잠을 잘 수 있을 것 같네요." 점점 나무에 가까워지면서 나는 그 나무 위의 남자가 스승님을 멀리서부터 계속 주시하고 있다는 사실을 깨달았다. 마침내 나무 아래를 지나갈 때에 스승님은 갑자기 멈추어 서서 빠르게 나무 위를 올려다보셨다. 그러자 따르던 군중 모두 그분의 시선을 따라 나무 위를 쳐다보았다. 바로 그곳에 삭개오가 있었다. 나무 위에서 다소 우스꽝스러운 자세로 몸을 가누던 그는 스승님과 군중의 시선에 크게 당황했다.

   그의 행색을 보는 순간 나는 곧바로 그의 직업을 알아챌 수 있었다. 그는 나와 같은 세리였다. 아니, 보다 정확하게 말하자면 나보다 직급이 높은 세리장이었다. 동시에 그가 몸에 걸친 장신구들은 그가 얼마나 부자인지 가늠할 수 있게 했다. 그의 손과 목, 옷차림에 두른 장신구들은 과거의 나로서도 꿈도 못 꿀 고가의 물건들이었다. 그런 그가 당황하고 어쩔 줄 몰라 할 때 주님은 그에게 기쁜 목소리로 말씀하셨다. "삭개오, 빨리 내려오십시오. 오늘은 당신 집에서 하루 묵어야겠습니다." 그러자 지금까지 스승님께 호의적이었던 군중의 태도가 순식간에 바뀌었다. '세리의 집에서 묵는다고?' '경건한 사람들이 넘치는 이 도시에서 저 더러운 부역자 놈과 함께 먹고 마신다고?' 그중 몇몇은 스승님께 노골적인 혐오감을 드러내기도 했다. 과거의 내가 익숙하게 맞곤 했던 바로 그 혐오였다.

    그러나 스승님은 군중의 마음 따위는 아랑곳하지 않는 것처럼 보였다. 그분에게서 종종 보게 되는 이런 놀라운 태도는 때때로 왠지 모를 불안감을 불러일으키기도 하지만, 어쨌든 그분은 주변의 반응에 개의치 않고 계속 웃으며 삭개오를 올려다보셨다. 삭개오는 곧바로 나무에서 뛰어내렸다. 생각보다 작은 한 사내가 스승님 앞에 서서 감격에 겨워 잠시 말을 잇지 못하였다. 여전히 자신의 주위를 둘러싸고 있는 군중의 혐오와 적개심이 이제는 그에게도 아무렇지 않은 것 같았다.

    그 순간의 기분을 나는 그 누구보다 잘 알고 있다. 그것은 세관에 앉아 있던 나를 향해 그분께서 "나를 따라오십시오."라고 말했던 바로 그 순간 내가 느꼈던 감격일 것이다. 대담하게도 삭개오는 자신의 재산 절반을 가난한 사람들에게 나누어 주겠다고, 또 누군가의 것을 속여 빼앗은 것은 네 배로 갚겠다고 선언했다. 그러고는 우리 모두를 자신의 집으로 초대했다. "오늘 구원이 이 집에 찾아왔습니다. 이 사람도 아브라함의 자손입니다. 사람의 아들은 잃어버린 자를 찾아 구원하기 위해 왔습니다." 혐오와 적개심을 보인 사람들에게 들으라는 듯 스승님은 큰 소리로 말씀하시며 집 안으로 들어가셨다.

    그리하여 오늘 저녁 우리는 오랜만에 편안한 숙식을 하게 되었다. 삭개오는 융숭하게 우리를 대접했다. 값진 음식과 좋은 술을 내

왔고, 스승님은 기쁨에 겨워 삭개오의 겸손을 칭찬하셨으며, 저녁 내내 그 자리에 있는 모두에게 하나님의 복된 말씀을 들려주셨다. 스승님이 칭찬하신 삭개오의 겸손 역시 나는 첫눈에 알아보았다. 그가 키가 작아서 나무 위로 올라갔다고? 천만의 말씀! 그는 세리장이다. 그는 "비켜!" 한마디로 길을 낼 수 있는 권력자였다. 그러나 그는 감히 그분 앞에 나서지 못했다. 몰래 나무 위로 올라가 그저 바라만 보고자 했던 그 마음, 나 역시 너무나 잘 아는 그 마음을 스승님은 바로 알아보시고 그를 기뻐하셨던 것이다. 같은 처지인 만큼 통하는 것도 많았던 삭개오와 나는 특별히 따로 많은 이야기를 나누었다. 나는 스승님에 대한 개인적인 경험담을 들려주기도 했고, 스승님에 대해 지금까지 적어 놓은 것들을 보여주기도 했다. 그는 어린아이처럼 기뻐하며 밤새도록 듣고 읽었다.

　이제 새벽이 다가온다. 어쩌면 오늘, 드디어 우리는 예루살렘에 들어갈 것이다. 이제 편안한 안식처와는 당분간 작별이겠지. 삭개오의 집은 넓고 화려했으며 그가 베푼 만찬은 산해진미였다. 그러나 나는 이 화려함이 삭개오의 마지막 사치라는 것을 누구보다 잘 알고 있다.
　그는 날이 밝는 대로 전 재산의 절반을 가난한 사람들에게 나누어 주고 탈취한 것의 네 배를 갚을 것이다. 그러고 나서 그에게 남는 것이 무엇일까? 그가 모은 재산의 상당 부분은 과거에 내가 그랬던 것처럼 직위를 이용해 사람들의 것을 탈취한 것일 터였다. 재산의 절반을 떼고 그 네 배를 갚고 나면 그에게 남는 것이 있을 리 없다. 그는 자발적으로 가난으로 돌입한 것이다.

감히 상상할 수도 없는 그 일을 삭개오는 기쁨으로 할 것을 나는 믿어 의심치 않는다. 나도 그랬으니까. 그가 무엇을 하든 어떻게 변하든 사람들은 그에 대한 의심과 혐오를 멈추지 않을 것임도 나는 잘 알고 있다. 그러나 그는 이제 우리 스승님의 개의치 않음을 나누어 가졌다. 이제부터 그는 사람들 앞이 아닌 하나님 앞에서 살아갈 것이다. 우리 믿음의 조상 아브라함의 참 자손으로 그렇게 믿음 가운데 살아갈 것이다.

직업에
귀천은 있다

성경 속 마태 다시 보기

마태라는 이름과 함께 가장 먼저 머릿속에 떠오르는 것은 아마도 마태복음일 것입니다. 마태복음은 신약성경에서 처음으로 만나게 되는 책이지요. 제목이 마태복음이니 많은 사람들은 당연히 마태복음을 예수님의 제자였던 마태가 쓴 책이라고 생각합니다. 하지만 많은 학자들은 비록 현재 복음서마다 저자의 이름이 붙어있긴 하나 복음서를 기록한 실제 저자들의 정체는 특정하기 어렵다는 결론을 내리고 있습니다. 실제로 마태복음을 포함한 모든 복음서는 복음서 자체만 놓고 본다면 그 안에서 저자에 대한 어떤 정보도 찾을 길이 없습니다. 특히 지명이나 지리에 대한 어떤 묘사들은 예수님 당시 팔레스타인에 살던 사람이 썼다고는 믿을 수 없을 정도로 빈약한 지리적 지식을 보여주기도 합니다.

우리가 알고 있는 각 복음서 이름에 명명된 저자들은 대부분 그리스도교 초기, 대략 2세기 정도에 교회의 책임을 맡은 교부들에 의해 붙여진 것입니다. 그렇다면 처음에 저자 이름 없이 읽혔던 복음서들이 왜 꽤 시간이 흐른 다음에야 비로소 저자 이름을 갖게 된 것일까요? 그 사이 외경 또는 위경으로 불리는 많은 사이비 복음서들이 나타났기 때문입니다. 이 단적인 교설을 품은 여러 복음서들과 구별하기 위해 교회는 지금 우리가 신약성경에서 읽고 있는 복음서들에 마태나 요한 같은 제자 이름이나 마가나 누가처럼 제자들과 직접적인 관계가 있었던 사람들의 이름을 붙였던 것입니다. 이런 식으로 지금 우리가 성경에서 읽고 있는 복음서들에 권위를 부여한 것이지요. 이것이 지금 우리가 읽고 있는 복음서들에 지금의 이름이 붙게 된 경위입니다.

예수님의 제자 마태가 실제로 마태복음을 기록했는가는 분명하지 않지만, 많은 제자들 중 특별히 마태를 마태복음의 저자로 지목한 초대교회 교부들은 마태가 복음서를 기록할 정도의 능력은 있다고 인정했기에 그렇게 했을 것입니다. 그리고 그 능력은 세리라는 그의 직업과 관련 있었을 것입니다. 세금을 관리하는 일에 있어서 장부를 다루는 일, 즉 장부를 정리하고 읽고 기록하는 일은 필수적입니다. 만일 마태가 세리였다면 그는 정리하는 능력과 읽고 쓰는 능력을 당연히 갖추었을 것입니다.

제자 마태에 대해 구체적으로 탐구해볼 때 먼저 그의 이름부터 살펴보자면 '마태'는 이스라엘 이름을 그리스식으로 발음한 이름입니다. 그의 이스라엘 이름을 원래 히브리어로 발음하면 '맛디야'가 되는데, 맛디야는 '여호와의 선물' 또는 '여호와의 보상'을 뜻합니다. 흥미롭게도 이 이름은 가룟 유다를 대신하여 뽑았던 제자 맛디아(행 1:26)와 같은 이름이기도 합니다. 그러나 그의 이름과 관련하여 열두 제자의 명단에서 무엇보다 특이한 점은 마태의 이름에는 유일하게 그의 직업이 함께 명시되어 있다는 사실입니다. 마태복음에 등장하는 열두 제자 명단에서 마태는 그 직업이 '세리'로 명시됩니다(마 10:3). 이것이 특이한 이유는 다른 모든 제자들 이름에는 대개 별명이나 출신지, 혹은 누구누구의 아들 같은 표현이 일반적으로 붙기 때문입니다. 그런데 유독 마태의 이름에만 그의 직업이 함께 명시되어 있습니다. 왜 특별히 마태만 직업이 함께 언급된 것일까요? 그것은 바로 예수님 당시 이스라엘에서 세리라는 직업이 지녔던 사회적 종교적 의미 때문이었습니다.

세리를 향한 혐오와 배척

직업으로서의 '세리'(=세관원)는 단순히 생계를 위한 다양한 활동 중 하나를 의미하는 것이 아니었습니다. 당시 이스라엘 사람들에게 세리는 경멸과 혐오의 대상이었습니다. 알려진 바에 따르면 세리들은 국가 관리가 아니라 국가로부터 세리직을 임차한 민간사업자들이었습니다. 그리고 이 세리들에게는 정해진 월급이 없었습니다. 월급 대신 세리는 자기 관할지에 세금 액수가 할당되면 그 이상을 걷어서 할당된 액수는 국가에 바치고 나머지는 자기 수입으로 삼는 식으로 돈을 벌었습니다. 세금을 많이 받을수록 자신의 수입도 커지니 공권력의 비호 아래 그들 대부분은 동족인 백성의 고혈을 짜냈습니다.

이 사실 관계를 잘 보여주는 구절이 신약성경 중 누가복음에 등장합니다. 세례 요한에게 세례 받으러 나온 세리들이 자신들은 어떻게 회개해야 하냐고 묻자 세례 요한은 다음과 같이 대답합니다. "너희에게 정해 준 것보다 더 받지 말아라(눅 3:13, 새번역)." 더 나아가 이들은 세관원이라는 직업상 이방인들과 접촉해야 하는 경우가 많았습니다. 율법에 따르자면 거룩한 백성이 하나님을 믿지 않는 이방인들과 접촉하는 것은 부정한 일이었습니다. 사정이 이러하니 세리들이 동족인 백성에게 경멸받고 구원에서 배제된 죄인으로 취급받게 된 것은 어찌 보면 당연한 일이었습니다. 아무리 직업에 귀천이 없다지만 이 정도 직업이라면 분명히 귀천이 있었던 셈입니다.

그리하여 성경에서 세리는 창녀와 쌍을 이루거나 죄인과 쌍을 이루어 자주 등장합니다. 그러니까 세리와 창녀와 죄인은 율법의 관점에서는 동등한 위치, 즉 똑같이 최악의 위치에 있었던 부류의 사람들이었습니다. 말하자면 이들은 하나님 나라에 들어갈 자격이 없는 사람들이었던 셈입니다. 당시 사람들이 세리들에게 지녔던 부정적인 인식은 다음과 같은 예수님의 말씀을 통해서도 확인됩니다. "너희를 사랑하는 사람만 너희가 사랑하면 무슨 상을 받겠느냐? 세리도 그만큼은 하지 않느냐?(마 5:46, 새번역)" "그러나 그 형제가 그들의 말도 듣지 않거든 교회에 말하여라. 교회의 말조차 듣지 않거든 그를 이방 사람이나 세리와 같이 여겨라(마 18:17, 새번역)." 이처럼 세리들은 예수님의 말씀 속에서도 부정적으로 언급되기는 하지만 이것이 예수께서도 세리들을 경멸하셨다는 의미는 아닙니다. 예수님은 세리들의 친구라는 비난을 받을 정도로 그들을 선입견이나 편견 없이 대하셨습니다. 즉 세리에 대한 부정적인 언급을 담은 예수님의 말씀들은 세리에 대한 예수님의 생각을 나타내는 것이 아니라 당시 사람들이 세리들에 대해 지녔던 인식에 기대어 말씀하신 것뿐입니다.

오히려 성경에는 예수께서 모든 사람들이 혐오하고 배척하던 세리를 편드시는 모습을 여러 차례 보여줍니다. 예를 들어 예수께서 마태를 제자로 부르신 후 그의 집에서 많은 세리들과 어울려 식사하실 때, 바리새인들은 즉시 예수님의 행동에 이의를 제기하고 예수님을 비난합니다. 경

"건강한 사람에게는 의사가 필요하지 않으나,
병든 사람에게는 필요하다(마 9:12)."

건한 사람들은 더러운 악인들과 어울려서는 안 된다는 것이지요. 그때 예수님은 건강한 사람들에게는 의사가 필요 없지만 병든 사람에게는 의사가 필요하다는 말로 세리들을 변호하십니다(마 9:12). 그러고는 죄인들과 어울린다고 자신을 비난한 바리새파 사람들을 비난하시면서 다음과 같이 말씀하십니다. "너희는 가서 '내가 바라는 것은 자비요 희생제물이 아니다.' 하신 말씀이 무슨 뜻인지 배워라. 나는 의인을 부르러 온 것이 아니라 죄인을 부르러 왔다(마 9:13, 새번역)." 즉 예수님은 세리라는 직업의 렌즈를 통해 세리들을 대하신 것이 아니라 단지 하나님의 자비와 은혜가 필요한 인간으로 그들을 대하신 것입니다.

이처럼 세리들을 감싸시고 그들과 함께 있는 자신을 비난하는 바리새파 사람들을 공격하신 예수님의 행동이 우리 눈에는 그저 멋있게 보이지만 당시의 맥락과 사정을 곰곰이 생각해보면 이것은 매우 받아들이기 힘든 행동과 태도였습니다. 그들은 '모든 사람이' 혐오하고 배척하던 사람들이었기 때문입니다. 우리가 현재 경험하는 혐오와 배척은 대개 일부에 의해 벌어지는 혐오와 배척입니다. 비록 이 일부가 다수라 할지라도 그래서는 안 된다는 생각을 가진 소수가 반드시 존재합니다. 혐오와 배척은 대개 부당함과 불의에 관계되기 때문입니다. 하지만 일부가 그렇게 하는 것이 아니라 모든 사람이 그렇게 하고 있다면 사정은 달라집니다. 일부가 아닌 모든 사람이 혐오하고 배척한다면 그 혐오와 배척에는 모든 사람에 의해 합의된 충분히 그럴 만한 이유가 있을 것이기 때문입니다. 그 혐오가 죄를 미워하고 경건을 사모하는 것에 근거한다면 더욱 그러할 것입니다. 더구나 우리가 사회에서 경험하는 혐오 대상자들과 달리 예수님 당시의 세리들은 혐오와 배척은 받았을지언정 결코 약자는 아니었습니다. 오히려 그들은 실제적이고 압도적인 무력으로 힘없는 동족들을 핍박하였습니다. 그런 의미에서 이처럼 모든 사람이 혐오하고 배척하는 사람들을 편든다는 것은 위태로운 일일 수 있습니다. 어떤 이유에서든 이런 사람의 편을 든다면 의심과 비난을 피하기 어렵기 때문입니다.

누가복음 19장에 등장하는 세리장(=세관장) 삭개오의 이야기는 모든 사람이 경멸하는 세리의 편에 섰을 때 대중에게 어떤 적대감을 얻을 수 있는지 잘 보여주는 이야기입니다. 삭개오는 일개 세관원이 아니라 세관의 장이었습니다. 그러니까 이스라엘 사람들이 보기에 그는 죄인 중의 죄인이었던 셈입니다. 그런 그에게 관심을 보이시고 그의 집으로 들어가시자 군중들은 수군대기 시작합니다. "그가 죄인의 집에 묵으려고 들어갔다(눅 19:7, 새번역)." 이것은 예수님을 향한 군중들의 명백한 적대감, 이유 있는 적대감입니다.

나는 죄인을 부르러 왔다

그런 비난을 감수하면서까지 예수님은 그들에게로 가십니다. 어쩌면 앞으로의 전도와 설교에 지장 있을 것이 분명해 보이는데도 예수님은 개의치 않으시고 그들 가운데로 들어가십니다. 특별히 누가복음에서는 세리에 대한 각별한 묘사가 자주 등장합니다. 삭개오의 이야기 역시 오직 누가복음만 전하는 이야기입니다. 바로 누가복음 19장의 삭개오 이야기에 앞선 18장에서도 누가복음은 다른 복음서가 전하지 않는 세리 이야기를 전합니다. 바로 예수께서 스스로를 의롭다고 생각하고 타인을 멸시하는 사람들을 비난하며 하신 비유의 말씀입니다(눅 18:9~14). 비유 속에서 자신의 의로 타인을 멸시하는 주인공으로 바리새파 사람이 등장합니다. 그는 성전에서 남들이 다 보라고 홀로 서서는 으스대며 하나님께 기도를 올립니다. 자신의 경건을 자랑하면서 자신은 죄인들과 다르다고, 특별히 이 세리와는 다르다고 하나님께 강변합니다. "하나님, 감사합니다. 나는 남의 것을 빼앗는 자나 불의한 자나 간음하는 자와 같은 다른 사람들과 같지 않으며 더구나 이 세리와는 같지 않습니다(눅 18:11, 새번역)." '이 세리'라니, 얼마나 잔인한 말인가요. '이'라는 지시 관형사는 세리가 바로 옆에서 듣고 있다는 사실을 알려주는 문법적인 표시입니다. 자신의 말이 들린다는 것을 뻔히 알면서 바리새파 사람은 곁에 있는 세리를 비하하던 것입니다. 하지만 이 모든 외부의 모욕 속에서도 세리는 하나님만을 바라봅니다. 하나님과 자신의 관계만을 바라보며 그 속에서 자신의 죄를 고백하며 하나님의 자비를 구합니다. 그리고 이 세리는 예수님의 분명한 선언을 얻게 됩니다. "내가 너희에게 말한다. 의롭다는 인정을 받고서 자기 집으로 내려간 사람은 저 바리새파 사람이 아니라 이 세리다(눅 18:14, 새번역)."

적개심으로 가려진 눈으로는 볼 수 없었던 핍박하는 자의 영혼의 병을 예수님은 알아보셨던 것 같습니다. 병든 자에게는 의사가 필요하다는 이유로, 그 병자가 누구든, 악인이든 적군이든, 그의 어떠함에 개의치 않고 병을 고치겠다는 히포크라테스 선서처럼 예수님은 마치 영혼의 히포크라테스 선서를 가지고 그들을 대하신 것처럼 보입니다. 예수님은 자신을 영혼의 의사로 간주하시고 그가 누구든 영혼의 병을 지닌 모든 사람에게 다가가셨습니다. 때로는 주변인의 의심과 비난도 개의치 않으시고 그들에게 다가가셨습니다. 예수님의 개의치 않으심은 예수님의 사랑 방식이었습니다. 그리고 그것은 악인에게든 선인에게든 똑같이 해를 비치시고, 의인에게든 죄인에게든 똑같이 비를 내리시는 하나님의 개의치 않으심을 닮았습니다. 하나님의 자비는 바로 이런 성격의 것임을 예수님은 자신의 삶으로, 악인과 불의한 사람들을 대하는 태도로 보여주십니다.

누가복음이 세리들에 대해 특별하게 보여주는 자비의 태도는 잃은 양 비유(눅 15:1~7)에서도 확인할 수 있습니다. 백 마리 양 가운데 한 마리 잃은 양을 찾아다니는 목자의 애틋하고 절절한 이야기는 마태복음에도 동일하게 기록되어 있습니다(마 18:12~14). 하지만 누가복음에서는 이 이야기의 맥락을 세리들과 어울린다는 이유로 자신을 비난하는 바리새파 사람들에게 하시는 예수님의 말씀으로 기록합니다. "세리들과 죄인들이 모두 예수의 말씀을 들으려고 그에게 가까이 몰려들었다. 바리새파 사람들과 율법학자들은 투덜거리며 말하였다. '이 사람이 죄인들을 맞아들이고 그들과 함께 음식을 먹는구나.'(눅 15:1~2, 새번역)" 예수님의 개의치 않으심이 다시 한 번 드러나는 장면입니다. 성경이 예수님의 제자 마태에 대해 세리라는 직업을 굳이 밝힌 이유는 바로 이런 이유에서입니다. 그렇게 제자 마태는 언제나 세리 마태로 기억됩니다. 혐오와 경멸의 대상이었으나 주님에 의해 환대 받았던 세리, 그것이 제자 마태의 정체성입니다.

다른 복음서와 달리 마태복음에서는 세리인 제자 마태가 열두 제자의 명단이 담긴 마태복음 10장에 앞서 한 차례 더 등장합니다. 바로 세관에 앉아 있던 마태를 향해 예수께서 "나를 따르라."라고 말씀하셨던 사건이지요(마 9:9). 마태를 제자로 부르신 이 사건이 벌어진 구체적 장소는 예수님의 '자기 마을(마 9:1)', 즉 예수님이 사시던 도시인 가버나움입니다. (흔히 예수님을 정처 없이 떠돌아다니던 나그네 설교자로 아는 사람들이 있는데 이것은 사실과 다릅니다. 예수님은 가버나움에 분명한 거주지를 가지고 계셨고 그곳을 거점으로 선교여행을 다니셨습니다. 마태복음 4:13은 이 점을 분명히 합니다. "그리고 그는 나사렛을 떠나 스불론과 납달리 지역 바닷가에 있는 가버나움으로 가서 사셨다.") 갈릴리 호수 북서부에 위치한 가버나움은 고대세계의 중요한 바닷길 무역로인 비아 마리스(via maris)에 인접한 교통의 요충지였으며, 백부장의 종을 고쳐주신 이야기(마 8:5~13)에서 알 수 있듯 로마 군대가 주둔하던 도시였습니다. 또한 영지의 경계에 가까이 위치하여 이곳을 통과하는 많은 이방인들에게 세금을 징수하는 세관도 갖추었던 번화한 도시였습니다. 당시의 관세는 지방세였고 가버나움은 갈릴리에 속하는 도시이니 이 세금을 거둔 사람은 갈릴리를 다스리던 영주(=분봉왕) 헤롯 안티파스가 됩니다.(성경에는 헤롯이라는 이름이 많이 등장해서 성경을 처음 읽는 사람들을 매우 혼란스럽게 합니다. 헤롯 안티파스는 예수님이 베들레헴에서 탄생하셨을 때 아기 예수님을 죽이려 했던 헤롯 대왕의 아들입니다. 헤롯 대왕이 죽고 나서 그의 아들들인 헤롯 아켈라오스, 헤롯 안티파스 등이 이스라엘을 분할 통치하게 되었는데 그중 헤롯 안티파스가 담당한 지역에 갈릴리가 속해 있었습니다. 갈릴리를 주 무대로 활동하셨던 예수님의 이야기에 헤롯 안티파스가 자주 등장하는 이유가 바로 이 때문입니다. 세례 요한을 처형한 것도 헤롯 안티파스였습니다.) 바로 그 가버나움 세관에서 일하던 마태는 자신을 따르라는 예수님의 명령을 듣고 바로 일어나 예수님을 따릅니다. 그리고 곧이어 예수께서 마태의 집에서 식사를 하시는 장면이 이어지고, 거기서 앞서 언급했던 나는 의인을 부르러 온 것이 아니라 죄인을 부르러 왔다는 유명한 예수님의 말씀이 선포됩니다(마 9:10~13).

　　이 사건은 마태복음뿐 아니라 마가복음과 누가복음에도 등장하는데, 여기서 이름과 관련된 문제가 하나 등장합니다. 마가복음과 누가복음에서는 이 사람의 이름을 마태가 아니라 레위라고 부르기 때문입니다. 마가복음은 '알패오의 아들'이라는 말까지 덧붙여 '알패오의 아들 레위'라고까지 합니다(막 2:14). 그러나 마태복음이 이렇게 레위의 이름을 마태로 바꾸는 바람에 이후 모든 사람은 레위와 마태를 동일인물로 여겼습니다. 그래서 지금은 이 마태를 심지어 '레위 마태'라고 부르기도 합니다.

　　히브리어 이중 이름이라니, 아무래도 이상합니다. 이 불일치를 곰곰이 생각해보면 다음의 추론이 가장 합리적으로 보입니다. 마가복음과 누가복음의 보도에서처럼 이 사건에 등장한 사람은 마태가 아니라 레위라는 이름의 세리였을 것입니다. 그도 예수님을 따르던 수많은 제자 중 하나이기는 했겠지만, 레위는 열두 제자에 속하는 제자는 아니었을 것입니다. 예수님을 따르는 사람이라는 사실이 곧바로 그가 열두 제자 중 하나라는 것은 아닙니다. 예를 들어 예수님의 시신을 안장한 아리마대 사람 요셉도 요한복음에서는 '예수님의 제자'라고 불립니다(요 19:38). 이처럼 레위도 예수님을 따르던, 열둘이 아닌 제자 중 하나였겠지만 아마도 마태복음의 저자가 이 레위를 마태라는 이름으로 바꾸어 열두 제자에 포함시켰을 가능성이 큽니다. 열두 제자의 명단에서 마태에게 '세리'라는 직업을 부여한 것도 오직 마태복음뿐이라는 사실 역시 마태복음의 저자가 마태를 의도적으로

로 세리 레위와 연결시켰다는 추론에 설득력을 더해줍니다. 그렇다면 다른 복음서들에는 그저 덩그러니 이름만 언급된 마태는 마태복음 저자의 개명 덕분에 세리라는 직업에 더해 결국 마태복음의 저자라는 명성까지 얻게 된 셈입니다. 열두 제자 명단에서의 언급 이후 마태에 대한 이야기는 전무하며, 그에게는 부활 이후 사도들을 따라다니는 드라마틱한 전설도 그다지 발견되지 않습니다. 직업상의 능력과 더불어 어쩌면 그에 대한 이야기가 너무 없다는 이유 역시 사람들이 마태를 마태복음의 저자로 생각하도록 한 것일지도 모르겠습니다. 만일 마태가 마태복음을 집필한 제자라면 다른 어떤 활동도 필요 없을 만큼 중대한 일을 수행한 셈이니까요.

PART 6
바돌로매

아르메니아에서 보내는 므낫세의 편지

예루살렘에 있는 사랑하는 아버님께

주님의 평화가 아버님과 함께하시기를 빕니다. 아버님의 기도와 주님의 은혜로 저는 어제 성공적으로 사업을 마무리하였습니다. 직접 돌아가 이 기쁜 소식을 전하려 했지만 지금도 여전히 걱정 가운데 있을 아버님을 생각하며 한시라도 빨리 기쁨의 소식을 전하기 위해 이렇게 먼저 인편으로 소식을 전합니다.

어제의 성공도 자축할 겸, 일의 성사를 위해 조마조마했던 그동안의 긴장도 풀 겸 오늘은 광장으로 구경을 나갔습니다. 그러다가 우연히 오후에 광장에서 진행된 끔찍한 공개처형을 목격하게 되었습니다. 놀랍게도 처형을 당한 자는 수십 년 전 이스라엘 전역을 시끄럽게 하고는 마침내 예루살렘에서 처형을 당했던 나사렛사람 예수의 제자였습니다. 아버님도 똑똑히 기억하고 계실 겁니다. 온 이스라엘을 휘저어 놓고 사람들을 열광시켰던 그 거짓 메시아말입니다. 그가 마침내 예루살렘에 입성했을 때 민심은 들썩였고 종교 지도자들은 혼란스러워했고 로마인들의 분위기는 험악했었죠. 결국 그 혼란 때문에 그 해 사업은 평년 수준을 훨씬 밑돌고 말았습니다. 유월절이라는 일 년 중 가장 큰 대목을 망친 그 사건과 그 인물을 어찌 잊을 수 있겠습니까? 심지어 예수의 처형이 있은 지 며칠 후 그의 제자들이 그가 다시 살아났다는 터무니없는 소문을 냈던 것도 기억하시죠? 바로 그 거짓메시아였던 예수의 제자 중 하나인 바돌로매라는 자가 오늘 처형을 당한 사람이었습니다.

그 처형은 여느 처형과는 다르게 듣도 보도 못한 기이한 방식으로 진행되었습니다. 아르메니아의 왕 폴리미오스의 동생 아스티아게스가 구체적인 처형 방식을 지시하며 그의 처형을 명령했다는군요. 그의 명령에 따라 바돌로매는 날카로운 칼에 의해 산 채로 살가죽이 벗겨진 채 거꾸로 십자가에 못 박혔습니다. 이미 조국의 땅에서 로마인들에 의해 자행된 수많은 잔인한 처형을 목격했고 사업차 여러 나라를 돌아다니며 각국에서 행하는 기이한 방식의 처형도 두루 보아왔습니다. 하지만 이런 식의 처형은 태어나서 처음 보는 종류의 잔인함이었습니다. 살아있는 사람의 가죽을 벗겨내는데 그것도 그 사람을 죽지 않게 만들면서 온 몸의 가죽을 한 벌 옷처럼 벗겨내다니요. 그 칼놀림은 틀림없이 세계 최고의 고문 기술자와 세계 최고의 도살자를 결합시켰을 만한 솜씨의 칼놀림이었습니다. 가죽을 벗기는 형벌을 마치고 그들은 바돌로매에게서 벗겨낸 가죽을 높이 들고는 거기에 모인 군중들에게 보여주었습니다. 군중들은 피에 열광하기 시작했지요. 잔인함에 열광하는 군중들의 광기는 그리 낯설지 않은 모습이었습니다. 그리고 그 열광 가운데 그들은 바돌로매를 십자가에 거꾸로 못 박았습니다. 그것은 분명 그가 포교했던 예수와 그 교리에 대한 모욕이었습니다. 바돌로매는 자신의 스승 예수를 십자가에 못박혀 죽으신 하나님의 아들 메시아로 소개했다고 합니다. 그러니 그들은 바로 그 예수를 모욕하기 위해 바돌로매를 그렇게 처형했던 것이겠지요.

긴장된 몸과 마음을 풀고 편안하게 쉬고 싶었던 기분은 이 공개처형으로 싹 가셨습니다. 아직도 그 장면들이 마음을 어지럽힙니다. 처형장을 떠나 숙소로 돌아오면서 여러 가지 생각에 머리가 어지러웠습니다. 바돌로매는 왜 이렇게 먼 곳까지 와서 처형을 당했을까? 자신들이 거짓으로 꾸민 스승의 부활을 위해 어떻게 이렇게까지 할 수 있는 걸까? 설마, 그 모든 뜬소문이 진짜일 수도 있는 것일까? 여기까지 생각이 미쳤을 때 갑자기 두려움이 몰려왔습니다. 설마 그럴 리가 있을까요? 예수 이전에도 이미 수많은 거짓 메시아들이 등장했고, 그들이 거짓 메시아라는 사실은 그들의 처형으로 곧바로 증명되었습니다. 선조로부터 이어져 내려오는 믿음에 따르자면 메시아의 등장은 천지개벽을 의미할 것입니다. 메시아의 등장과 함께 세상은 즉시 뒤집어질 것이고, 로마인들은 주님의 백성을 지배한 데 대한 합당한 처벌을 받을 것이고, 메시아는 모든 민족들 위에 왕으로 군림하실 테지요. 하지만 예수는 다른 거짓 메시아들처럼 처형을 당하고 말았습니다. 인간의 손에 의해 처형당한 메시아라니, 이건 도대체가 말이 되지 않습니다.

그런데 어떻게 그의 제자는 이미 처형된 메시아를 위해 기꺼이 자기 목숨을 버릴 수 있는 걸까요? 그러고 보니 바돌로매뿐 아니라 다른 제자들 역시 세상 곳곳으로 흩어져 자기들의 스승을 부활한 메시아로 전하고 다닌다는 소문을 어렴풋하게 들은 기억이 납니다. 당시에는 어찌나 어처구니가 없던지 그냥 미친 소리로 흘려들었는데, 오늘 바돌로매의 처형을 보고 나서는 예수의 다른 몇몇 제자들도 예수와 그의 부활을 전하다가 처형당했다는 얘기를 들은 기억이 났습니다. 놀랍고 기이한 일이 아닐 수 없습니다.

지금까지 모든 거짓 메시아들이 처형당했을 때는 그들의 추종자들 역시 바람에 흩날리는 지푸라기처럼 흔적도 없이 사라지곤 했습니다. 추종자들은 곧바로 자신들의 잘못을 깨닫고 다른 가능성을 향해 발길을 돌렸지요. 그런데 이 예수의 추종자들은 그들과 정반대의 길을 걷습니다. 실패한 메시아를 부활한 메시아로 선포하고 이 메시지를 위해 자신들의 목숨을 버리기까지 합니다. 진리를 위해서야 목숨을 버릴 수도 있다지만 거짓을 위해 목숨을 버린다는 것은 상상하기 어려운 일입니다. 그렇다면 둘 중 하나일 것입니다. 그들 자신 역시 스스로를 완벽하게 속였거나, 아니면, 아니면…….

예루살렘으로 돌아가면 이 예수에 대해 좀 더 자세히 알아볼까 합니다. 벌써 그에 관한 이야기를 담은 책이 제작되어 돌아다닌다고 하더군요. 어떻게든 구해볼 참입니다. 무슨 얘기들이 들어있는지 벌써부터 궁금하네요. 물론 그 책은 추종자들이 쓴 것일 테니 일방적으로 자기 선생을 옹호하는 입장이겠지만 그래도 꼼꼼하게 행간을 읽다보면 그가 진짜 어떤 인간이었는지쯤은 알아낼 수 있을 것입니다. 아버님께서 비싼 값을 치르고 아들에게 선사해주신 젊은 시절의 고급교육 덕택에 얄팍한 선전술 정도는 단박에 꿰뚫어 볼 수 있는 눈을 가지고 있다고 자부하니까요.

사람들과 이야기를 나누어 보니 이곳 아르메니아에서는 바돌로매의 전도가 꽤 성공적이었던 모양입니다. 묵고 있는 숙소의 주인이 말하기를 하층민들 중 상당수가 예수를 믿고 있다고 하더군요. 왕이 사회 불안의 위협을 느껴 바돌로매를 처형할 정도로 그들은 아르메니아에서 상당한 영향력을 행사하는 것 같습니다. 주인의 말로는 바돌로매가 처형되었다고 해서 그 기운이 없어질 것 같진 않다고 합니다. 거의 신생종교에 가까울 정도로 이곳 사회 전반에 광범위하게 영향력을 미치는 모양입니다. 아예 관심을 두지 않아서 그렇지 어쩌면 이 현상은 아르메니아에서만이 아닐 수도 있겠습니다. 어쨌든 더 자세한 이야기는 아버님의 얼굴을 직접 뵙고 말씀 드리겠습니다. 돌아갈 때까지 평안하시고 저의 귀향길을 위한 기도 부탁드립니다.

주님의 평화를 빌며,
아르메니아에서 아들 므낫세 올림

이름 없이
빛도 없이

성경 속 바돌로매 다시 보기

예수님의 열두 제자들을 열두 명 전체로 함께 소개한 곳은 신약성경에서 다음의 네 곳입니다. 마태복음 10:2~4, 마가복음 3:16~19, 누가복음 6:13~16, 사도행전 1:13. 명단으로 소개된 열두 명의 제자들 대부분은 신약성경 곳곳에서, 특별히 예수님의 이야기를 다룬 복음서들과 사도행전 속에서 다시 등장합니다. 하지만 '대부분'이라는 말이 의미하듯 열두 명의 제자들 중에는 명단 이외의 다른 곳에서는 단 한 차례도 언급되지 않는 제자들도 있습니다. 구체적으로 이 제자들은 바돌로매, 알패오의 아들 야고보, 열심당원 시몬, 이렇게 세 사람입니다. 하지만 가룟 유다의 이야기에서 살펴봤듯이 만일 누가복음 22장 38절의 칼 두 자루에서 열심당원 시몬의 존재감을 발견할 수 있다면, 정말로 명단 외에는 존재감조차 발견할 수 없는 제자들은 딱 두 사람, 바돌로매와 알패오의 아들 야고보를 꼽을 수 있습니다.

나다나엘과 바돌로매는 동일인물인가?

바돌로매(Bartholomew, 가톨릭과 성공회에서는 '바르톨로메오'로 부릅니다)의 이름은 아들을 뜻하는 '바르'(bar)와 '톨마이'가 합쳐진 말로 '톨

마이의 아들'이라는 뜻입니다. 예수님의 열두 제자요 사도라는 영예를 얻고서도 바돌로매는 성경 그 어디에서도 자신의 존재감을 내비치지 못합니다. 그래서일까요? 사람들은 아주 오래전부터 요한복음의 시작 장면에 등장하는 나다나엘(요 1:43~51)이 바로 이 바돌로매라고 생각하기도 했습니다. 그래서 이 두 사람을 동일인물로 보는 견해는 지금도 많은 곳에서 찾아볼 수 있습니다. 만일 예수님이 처음 보시자마자 참으로 이스라엘 사람이라고, 간사한 것이 없다고 칭찬하신(요 1:47) 나다나엘이 바돌로매와 동일인물이라면, 마침내 바돌로매에게도 엄청난 존재감이 생긴 셈입니다. 하지만 특이하게도 요한복음에는 열두 제자의 명단 자체가 없고, 나다나엘이 바돌로매와 동일인물이라는 근거 또한 성경 어디에도 발견되지 않습니다. 그리고 처음으로 이 두 사람을 동일인물로 보는 견해가 등장한 것도 무려 9세기경부터입니다. 따라서 나다나엘과 바돌로매가 동일인물이라는 가설은 전혀 존재감 없는 바돌로매에게 존재감을 심어주려던 후대 사람들의 상상력과 바람 때문이 아닐까 싶습니다.

바돌로매의 강렬한 최후, 순교

어쩌면 그런 사람들의 바람이 또 다른 방식으로 작용했던 것일까요? 예수님의 승천 이후 사도들의 행적을 전하는 전설들은 예수님 생전에는 존재감이 없었던 바돌로매에게 매우 강렬한 최후 이야기를 선사했습니다. 전설에 따르면 바돌로매가 선교했던 지역은 메소포타미아를 넘어 인도에까지 미쳤다고 합니다. 그러나 그의 선교 주 무대는 메소포타미아나 인도가 아니라 아르메니아였던 모양인지 바돌로매는 결국 아르메니아의 알비노 시에서 순교를 당했다고 합니다. 그가 처형당했던 방식이 단순한 참수형이었다는 전설도 있지만 참수형이 아닌 다른 방식의 잔인한 처형 이야기도 전해집니다. 사도들에 관해서는 잔인한 순교 이야기가 많지만 그중에서도 바돌로매의 순교 이야기는 그로테스크한 점이나 잔인한 점에서 가히 으뜸입니다.

    모든 전승이나 전설이 그렇듯 순교 이유에 대해서는 다양한 이야기들이 전해집니다. 어떤 전설은 바돌로매가 처형을 당하게 된 것이 이교 사제들이 선동하여 아스티아게스 왕에게 박해를 받았기 때문이라고 전하고, 어떤 전설은 아르메니아 왕의 동생을 개종시켰다는 이유로 왕실의 박해를 받아 처형을 당했다고 전합니다. 또 다른 전설은 바돌로매의 처형을 명령했던 사람이 당시 아르메니아의 지배자 폴리미오스의 동생 아스티아게스였다고 합니다. 처형까지 이르는 이유와 과정이 다양한 것처럼 순교의 방법 역시 다양하게 전해지지만, 가장 유명하고 강렬하게 전해진 처형 이야기는 바돌로매가 산 채로 살가죽이 벗겨지고 난 후 거꾸로 십자가에 못 박혀 죽었다는 이야기입니다. 그림이나 조각에서 그 대상이 누구인지를 알려주는 물건-예를 들어 베드로임을 알려주는 열쇠 같은-을 상징물(attribute)이라고 부르는데 바돌로매의 상징물이 칼과 벗겨진 살가죽이 된 것도 바로 이런 이유 때문입니다. 산 채로 살가죽이 벗겨진 사도라는 충격적이고도 강렬한 이미지는 이후 수많은 예술가들에게 깊은 인상을 남겼습니다.

    바돌로매를 표현한 여러 예술작품 중 가장 인상적인 작품으로는 미켈란젤로의 그림과 마르코 다그라테(Marco d'Agrate)의 조각을 들 수 있

미켈란젤로, 〈최후의 심판〉의 세부, 534~1541, 프레스코, 시스티나 성당

습니다. 미켈란젤로의 가장 위대한 작품 중 하나로 시스티나 성당의 천장화와 벽화를 꼽는 데 주저할 사람은 아무도 없을 것입니다. 이중 미켈란젤로가 1534년에 시작하여 1541년에 완성한 〈최후의 심판〉은 성당의 제단 뒤편에 그려진 거대한 벽화입니다. 벽화에는 최후의 심판을 거행하시는 예수 그리스도의 모습이 중앙 상단에 자리 잡고 있습니다. 그리고 이 심판자 예수 그리스도 바로 아래쪽 좌우에는 그리스도와 삼각형을 이루는 두 사람이 눈에 띄게 배치되어 있습니다. 우리가 보기에 예수님 왼쪽 아래에 있는 사람은 성 라우렌티우스(St. Laurentius, 225~258: 나라와 언어에 따라 라우렌시오 또는 로렌스라고 부릅니다)입니다. 라우렌티우스는 로마 황제 발레리아누스의 박해 중 순교한 교황 식스투스 2세를 도왔던 로마의 일곱 부제 중 한 명으로, 교회의 전 재산을 바치라는 로마 집정관의 명령을 받고는 교회의 모든 재물을 팔아 가난한 사람들에게 나누어 주었다고 합니다. 그리고 약속한 날 집정관에게 병자와 고아와 과부와 가난한 사람들을 데리고 가 "이 사람들이 교회의 재산입니다."라고 말했다고 합니다. 분노한 집정관은 그를 석쇠에 구워 죽였다고 하지요. 흔히 전설에 따라붙는 기적 같은 이야기에 따르면 그때 라우렌티우스는 석쇠에서 살이 익어가자 이쪽은 다 익었으니 뒤집으라고 말했다고 합니다. 그리고 잠시

후에는 이제 다 익었으니 뜯어 먹으라고 늠름하게 말했다고 하지요. 그런 이유로 그의 순교를 그린 그림들에서 라우렌티우스는 자신의 상징물인 석쇠를 들고 나타납니다. 잘 살펴보면 〈최후의 심판〉에서도 라우렌티우스는 역시 석쇠를 들고 있습니다.

  이 라우렌티우스 옆에, 그러니까 우리가 보기에 예수 그리스도 오른쪽 아래에 있는 사람이 바로 바돌로매입니다. 그림 속에서 바돌로매는 오른손에 자신의 상징물인 칼을 들고 있습니다. 그리고 왼손에는 외투 같은 것을 들고 있습니다. 그런데 이것을 자세히 살펴보면 충격적이게도 바돌로매의 살가죽임을 알 수 있습니다. 축 늘어진 살가죽에는 심지어 얼굴도 함께 그려져 있습니다. 미켈란젤로는 이 얼굴에 자신의 얼굴을 그려 넣었다고 합니다. 그림에 등장하는 인물들에 대한 미켈란젤로의 구도와 배치는 의미심장합니다. 사도들을 포함한 신구약성경의 인물들과 성인들, 당대 인물들까지 거의 오십 명이 넘는 사람들을 그리면서 미켈란젤로는 그리스도 가까이 가장 눈에 띄는 사람으로, 최후의 심판을 행하시는 예수 그리스도와 삼각구도를 이루는 가장 중요한 사람으로 잔인하게 처형을 당했던 두 사람의 순교자를 선택했습니다. 어쩌면 이것은 미켈란젤로의 신앙의 중심을 보여주는 것일지 모릅니다. 교황에게 의뢰받아 찬란한 성당에 그림을 그리면서 그는 그리스도 가까이에 화려함과 위엄으로 가득 찬 중요한 인물들이 아니라, 복음 때문에 잔인하게 살해당한 상대적으로 이름 없는 사람들을 중심에 놓고 자신의 그림을 완성한 것입니다. 바돌로매의 살가죽에 자신의 얼굴을 그려 넣으면서 미켈란젤로는 무슨 생각을 했을까요? 그 생각을 찬찬히 따라가며 짐작해보는 것 역시 좋은 신앙의 공부가 될 것 같습니다.

바돌로매를 매우 인상 깊게 표현해 낸 다른 작품은 1562년 이탈리아의 조각가 마르코 다그라테가 조각한 〈성 바돌로매〉입니다. 밀라노 대성당 안에 있는 이 바돌로매 상은 방문자들에게 특별히 강렬한 인상을 남깁니다. 조각된 상은 얼핏 보면 수염도 눈썹도 없으면서 힘줄과 근육이 매우 강조되어 묘사된 채로 토가를 두르고 있는 이상

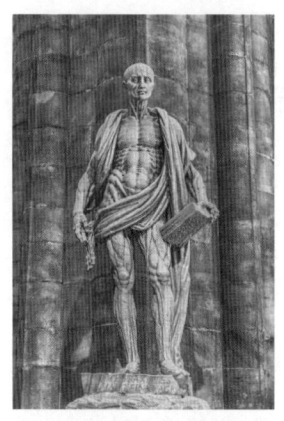

마르코 다그라테, 〈성 바돌로매〉, 1562, 밀라노 대성당

한 현대인의 모습처럼 보입니다. 아무런 사전지식 없이 본다면 정말 그렇게 보일 법 하지만 이 조각이 예수님의 제자 바돌로매임을 알게 된다면 우리는 이 이상한 외모의 의미를 바로 깨닫게 됩니다. 다그라테는 살가죽을 벗겨낸 인간의 모습을 해부학적으로 정교하게 묘사하여 조각해놓은 것입니다. 그러기에 고대 사람이라면 당연히 갖추고 있을 수염도 바돌로매 조각에는 없습니다. 미켈란젤로 역시 바돌로매를 그릴 때 자신의 살가죽을 들고 있는 모습을 그리긴 했지만 그림 속 바돌로매는 고문당하기 전의 온전한 모습으로 그려져 있습니다. 그런데 이와는 달리 다그라테는 마치 해부학 작품을 만든 것처럼 사람의 가죽을 한꺼풀 벗겨낸 실제 사람으로서의 바돌로매를 조각하여 소개하는 것입니다. 다그라테의 작품에서 바돌로매의 몸을 두른 토가처럼 보이는 것 역시 옷이 아니라 바돌로매의 살가죽입니다. 조각 뒤편에서 볼 수 있는 바돌로매의 어깨 뒤로 넘긴 살가죽에는 수염 달린 그의 얼굴도 묘사되어 있습니다. 미켈란젤로가 신성한 바돌

로매를 그렸다면 다그라테는 철저히 인간적으로 바돌로매를 조각한 셈입니다. 최후의 심판 자리에서 그리스도 곁에 있는 신비적 인물과 해부학적으로 묘사된 실체적 인물, 르네상스의 대가들이 서로 다른 방향으로 예수님의 제자를 바라보았다는 사실은 그리스도의 신성과 인성 논쟁만큼이나 흥미롭습니다. 조각이나 그림의 소재로만 본다면 바돌로매가 끼친 영향은 다른 제자들의 그것을 모두 뛰어넘는 것처럼 보입니다. 역설적이게도 성경 안에 그에 관한 아무런 이야기나 정보가 없다는 사실이 그에 관한 상상력을 마음껏 펼치는 근거가 되었을지 모릅니다. 어느 누구도 아닌 사람은 그 누구라도 될 수 있는 법이니까요. 바돌로매의 순교 전설을 포함하여 성경에는 나오지 않은 채 전설로만 전해지는 사도들의 순교 이야기들은 우리에게 이 이야기들의 근원에 대해 생각하게 해줍니다.

우리는 모두 사도이다

예수님의 열두 제자들은 특별히 '사도(使徒, apostle)'라고 불립니다. '사도'로 번역된 헬라어는 '보냄을 받은 사람', '파송을 받은 사람'이라는 뜻인데, 그렇게 부르는 이유는 이 열두 명을 예수께서 직접 택하셨고 직접 파송하셨기 때문입니다. 그래서 예수님의 열두 제자는 열두 사도라고도 불립니다. 신생 그리스도교 안에서 '사도'라는 용어는 거의 배타적으로 예수님의 열두 제자만을 가리키는 말로 사용되는 경향이 있었습니다. 이 사도의 의미를 확장시킨 사람이 바로 바울입니다.

바울은 스스로를 사도라고 부릅니다. 하지만 바울은 자신에게 부여한 사도라는 명칭을 나도 열두 사도들처럼 부활하신 예수님께 직접 계시를 받았고 그분의 부르심을 받았다는 것을 자랑하는 의미에서 사용한 것이 아니었습니다. 그는 '사도'라는 용어가 열두 명의 제자들에게만 사용되는 경향에 대해 반대했던 것입니다. 어쩌면 다른 공관복음서와 달리 열두 제자의 명단을 제공하지 않은 요한복음 역시 비슷한 의도에서 그렇게 한 것일 수 있습니다. 바울은 예수님이 열두 명뿐 아니라 지금도 계속 자신의 사람들을 부르고 파송하신다고 주장합니다. 그와 동시에 예수님과 복음을 위해 부르심을 받고, 예수님과 복음을 전하도록 하나님에 의해 보내심을 받은 사람들은 모두 '보냄을 받은 사람', 즉 사도라고 주장합니다. 그렇게 바울은 사도라는 개념이 한정적으로, 배타적으로 사용되는 것을 반대했습니다. 그에 대한 상징적 행동으로 바울은 우선 자신을 사도라고 부른 것입니다.

바울은 사도라는 말을 자신의 동역자들을 가리킬 때에도 거리낌 없이 사용하며(살전 2:7), 성령의 은사와 관련된 교회의 여러 직분을 소개할 때에도 사용합니다. "하나님이 교회 중에 몇을 세우셨으니 첫째는 사도요 둘째는 선지자요 셋째는 교사요 그 다음은 능력을 행하는 자요 그 다음은 병 고치는 은사와 서로 돕는 것과 다스리는 것과 각종 방언을 말하는 것이라(고전 12:28)." 더 나아가 갈라디아서 3장 28절에서 하나님의 은혜가 모든 구별과 차별을 철폐하고 누구에게나 유효하다고 선언했던 바울은 사도라는 용어를 여성에게도 부여합니다. 다음의 본문이 이것을 증명합니다. "내 친척이요 나와 함께 갇혔던 안드로니고와 유니아에게 문안하라. 그들은 사도들에게 존중히 여겨지고 또한 나보다 먼저 그리스도 안에 있는 자라(롬 16:7)." 이 개역개정판의 번역에는 약간의 오역이 포함되어 있습니다. '사도들에게 존중히 여겨지고'라는 문장인데 이는 '사도들 중에서도 유명한 사람들'로 해석하고 이해하는 것이 더 올바릅니다. 로마서의 마지막에 등장하는 여러 인사말들 가운데 특별히 이 구절이 소중한 이유는 아마도 안드로니고의 아내였을 유니아라는 여성을 바울이 스스럼없이 사도로 간주하고 사도로 칭하고 있다는 사실 때문입니다.

하나의 종교로 생성되자마자 그리스도교는 매우 빠른 속도로 세계로 퍼져나갔습니다. 소아시아, 유럽, 중동, 인도 등 열두 제자들의 전설에서 그들의 전도지와 순교지로 언급된 모든 지역들은 당시 복음이 전달되었던 곳입니다. 이렇게 세계 각지로 복음이 전달되었던 시점 역시 제자들이 살아 있었을 것으로 추정되는 1세기 이내였을 것입니다. 심지어 인도까지 언급할 정도로 복음은 빠르게 세계로 퍼져나갔습니다. 그렇다면 이렇게 복음을 전한 것은 열두 명의 사도들뿐이었을까요? 그럴 리 없습니다. 이름도 없는 수많은 사람들이 세상 끝까지 복음을 전하기 위해 목숨을 걸고 각자의 사명지로 떠나 복음을 전했을 것입니다. 그리고 그렇게 많은 이들이 그곳에서 이름 없이 빛도 없이 복음 때문에 목숨을 잃었을 것입니다.

바울의 정의에 따르자면 이들은 모두 예수님께 보냄을 받은 사람들입니다. 즉 그들은 모두 사도들인 것입니다. 그렇다면 열두 제자들의 순교 이야기에는 무수히 많은 제자들의 순교가 함께 들어있는지도 모릅니다. 이런 맥락으로 본다면 바돌로매의 순교 이야기에도 이름 없이 빛도 없이 주님의 명령을 따라 복음을 전했던 수많은 순교자들의 이야기들이 녹아 있을 것입니다. 바돌로매의 처형 방식이 다양하게 전해지는 것 역시 다

이름도 없는 수많은 사람들이
복음을 전하다 목숨을 잃었습니다.

양하게 처형되었던 여러 순교자들의 이야기가 함께 들어 있기 때문일 것입니다. 예수님의 제자로 이름 없이 빛도 없이 예수님 곁에서 묵묵히 주님을 따랐던 바돌로매는 역시 그처럼 묵묵히 주님의 명령을 수행하는 수많은 제자들과 수많은 사도들을 대표합니다.

바돌로매의 이름으로 이름 없이 순교한 많은 사도들 덕분인지 모르겠지만 아르메니아는 로마제국보다 훨씬 이른 시기인 301년에 그리스도교를 국교로 삼은 세계 최초의 나라가 되었습니다. 로마제국이 그리스도교를 국교로 만든 과정을 간단히 살펴보면, 313년 콘스탄티누스 황제는 밀라노 칙령을 통해 그리스도교를 로마제국의 여러 종교 중 하나인 공식 종교로 인정합니다. 그로부터 거의 칠십 년이 지난 380년, 황제 테오도시우스 1세는 데살로니가 칙령을 통해 모든 제국의 시민들이 삼위일체 하나님을 믿을 것을 선포합니다. 그 후 테오도시우스 황제는 391년에 로마와 이집트에서 모든 비그리스도교적인 의식을 금지하였고, 마침내 392년에는 제국 내 모든 형태의 이교 숭배를 불법으로 규정하게 됩니다. 이때부터 그리스도교는 실질적으로 로마의 국교가 된 것입니다. 그런데 로마제국에서 콘스탄티누스 황제에 의해 그리스도교가 간신히 정식 종교로 인정을 받기 십 년도 전에, 아르메니아는 끊임없이 교황을 배출한 로마보다 앞서 그리스도교를 국교로 정했던 것입니다. 물론 거대한 제국의 국교화와 작은 민족국가의 국교화를 동일선상에 놓고 비교하기에는 무리가 있습니다. 그럼에도 불구하고 하나의 국가 전체가, 그것도 그리스도교의 발생지와 중심지로부터 멀리 떨어진 국가에서, 국가 전체의 신앙을 그리스도교로 정했다는 것은 놀라운 사실입니다. 국가의 종교를 하나로 결정하는 일은 단지 왕 개인의 신앙적 결단만으로 이루어질 일이 아니기 때문입니다. 왕은 최고 권력을 지닌 자리이기도 하지만 그 자리를 유지하기 위해 모든 정치적 변수를 고려해야 하는 불안한 자리이기도 합니다. 로마의 그리스도교 공인과 국교화에 대해 많은 역사가들이 그 이면에 놓인 정치적 맥락과 의도를 읽는 것도 바로 그 때문입니다. 즉 301년 아르메니아의 국교화는 왕에게뿐 아니라 이미 그 당시 아르메니아 사회 전반에 그리스도교 신앙이 강력한 영향력을 미치고 있었다는 사실을 알려줍니다. 이름 없이 빛도 없이 복음을 전한 수많은 예수님의 사도들이 그 일을 이루었던 것입니다. 이 이름 없는 사도들의 대표자로 존재감 없는 바돌로매가 선택된 것은 어찌 보면 자연스러운 하나님의 섭리일지 모릅니다.

PART 7
안드레

안드레의 이야기

오늘도 예수님이 궁금한 너에게

그래, 오늘은 무슨 얘길 해줄까? 아, 지난번에 내 형님 베드로와 함께 주님 곁에 형제 제자로 있었던 게 어떤 기분이었느냐고 물었지? 그리고 내가 어떻게 예수님의 첫 번째 제자가 되었느냐고도 물었던가? 오늘은 바로 그 얘길 해주마.

예수님 곁에 있던 제자들 중 형제 제자가 우리만은 아니었다는 건 잘 알고 있지? 맞아, 야고보와 요한도 형제 제자였어. 그러고 보니 열두 명 중에 무려 네 명이나 형제 제자였던 셈이구나. 그런데 우리 형제는 야고보와 요한 형제와 아주 많이 달랐단다. 생각해봐. 야고보와 요한은 언제나 이름이 같이 언급되는데 우리 형제는 그렇지 않잖아? 그래서 베드로 형과 내가 형제라는 걸 사람들은 잘 의식하지 못해. 그건 아마도 내가 예수님의 특별한 제자 세 명 중에 들지 못했기 때문이기도 할 거야. 물론 주님께서는 우리 모두를 다정한 친구요 형제처럼 아껴주셨지만 그 중에서도 우리 형과 야고보, 요한은 각별하게 생각하셨단다. 지금 생각해보면 아마 그들이 더 큰 사명을 짊어지리라는 것을 미리 아셨기 때문이었던 것 같아. 너도 아는 것처럼 야고보는 우리 중 제일 먼저 순교의 영광을 얻은 사람이었잖니? 그 후에 베드로 형도 그랬고.

사람들이 베드로 형과 나를 형제라고 크게 의식하지 않는 또 하나의 이유를 생각해보자면 그건 내가 형과는 너무나 다른 종류의 사람이기 때문일 거야. 세상의 모든 가족을 들여다보면 가족마다 형제들은 매우 비슷하기도 하고 전혀 다르기도 하지. 너와 네 동생은 어떻지? 너희 형제는 생긴 것부터 시작해서 체형이나 식성, 성격까지도 비슷하니 너흰 누가 봐도 단박에 알아볼 수 있는 형제야. 말하자면 너희 형제는 야고보와 요한 형제 부류에 속하지. 야고보와 요한 형제는 둘 다 똑같이 불같은 성격을 지닌 사람들이었어. 오죽했으면 주님께서 '천둥의 아들들'이란 별명을 지어주셨을까. 불같은 성격에 직설적이고 거침없었지. 주님께서 십자가에 달리시기 직전에는 우리 면전에서 자기들 공이 제일 크다며 주님께 대놓고 높은 자리를 요구하기도 했단다. 다들 너무나 황당해하고 분노에 차서 분위기는 곧 아수라장이 되고 말았지. 그때는 우리 모두 주님의 길을 몰랐던 때라 다들 헛된 망상에 사로잡혀 있었던 건데, 그 말을 듣고 적잖이 당황해하시던 주님의 표정이 아직도 기억에 생생하구나.

우리 형 베드로는 이 두 형제와 성격이 비슷했어. 그러니까 셋 모두 차분하고 냉정한 스타일과는 거리가 멀고, 글쎄…… 무식하면 용감한 스타일이라고나 할까? 요나단, 농담이니까 그렇게 크게 웃지는 말려무나. 비유하자면 세 명 모두 머리로 사는 사람들이 아니라 가슴으로 사는 사람들이었어. 가슴에 떠오른 생각에 바로 반응하는 사람들, 어쩌면 그래서 그들은 처음 순교의 영광에 어울리는 사람들이었을지도 몰라. 우리 형과 야고보 형제는 무언가를 마음속에 감추고 있는 사람들이 아니라 맑은 물처럼 속이 훤히 들여다보이는 사람들이었어. 공교롭게도 이런 성정의 사람들이 예수께서 가장 총애하시던 사람들이었단다. 그래, 그들은 주님께서 말씀하신 천국에 어울리는 어린아이 같은 사람들이었을지도 모르겠구나. 좀 짓궂은 아이들일지는 모르겠지만.

나와 베드로 형은 야고보, 요한 형제와는 아주 다른 부류의 형제였단다. 처음 봤을 때 전혀 형제라고 생각되지 않는 형제였지. 아버지를 빼닮은 형과 달리 나는 어머니를 많이 닮아서 형과 나는 생긴 것도 달랐지만 무엇보다 성격이 너무도 달랐어. 너도 봐서 알듯이 형 시몬은 혈기가 넘치고 카리스마가 있는 사람이야. 이미 주님께서 십자가에 달리시기 전부터 우리 모두를 대표하며 이끌고 있었지. 주님의 수난과 부활을 경험한 이후 하나님의 크신 은혜로 인성적인 결점들이 사라져버린 지금은 그 누구도 감히 비교할 수 없는 위엄과 존경마저 지니게 되었단다. 대담함과 결단력까지 갖춘 사람인지라 지금도 어느 자리에서건 사람들을 이끄는 역할을 맡곤 하지. 말하자면 예수님의 수제자라는 직함에 잘 어울리는 사람이야.

나는 형과는 정반대로 조용하고 내성적인, 한마디로 눈에 잘 안 띄는 유형의 사람이란다. 처음 볼 때부터 다른 제자들과 잘 어울렸던 베드로 형과는 달리, 처음에 난 빌립 한 사람하고만 가깝게 지냈을 뿐 다른 제자들과 잘 어울리지도 못했어. 한참이 지난 다음에야 다들 친형제처럼 믿고 의지하며 지냈지만 그만큼 나는 낯가림도 심한 내성적인 사람이었단다. 그래서 그런지 우리 형제를 처음 본 사람에게 우리가 형제라는 사실을 알려주면 거의 언제나 놀랍다는 반응이었어. 전혀 눈치채지 못했다고들 하면서. 그만큼 우리 형제는 달랐단다. 형만 한 아우가 없다는 말 알지? 나는 바로 이 속담에 해당하는 동생이야.

그래도 예수님은 내성적이고 조용한 기질인 나 같은 사람도 주님의 특별한 제자로 불러주셨단다. 보통의 내성적인 사람들이 흔히 그렇듯 젊은 시절의 나는, 내가 세상과 어울리지 않는다고 끊임없이 생각하곤 했어. 게다가 사람들이 평범하게 생각하는 가치관들이 다 낯설게만 느껴졌지. 성공을 한다든지, 돈을 많이 번다든지, 출세를 한다든지 하는 것들 말이다. 밖으로 얘긴 못했지만 나는 나 자신을 마치 다른 나라에 사는 외국인 같다고 느꼈단다. 갈릴리호수에서 고기를 잡는 가족사업이 꽤나 번창해서 가족 모두가 기뻐할 때도 솔직히 난 아무 감정도 느낄 수 없었어. 그런 게 도대체 다 무슨 의미며 무슨 소용일까 싶었지. 그렇게 고민이 깊어지다가 결국 집을 나가버린 거야. 광야에서 고행하며 하나님의 길을 선포하고 있는 예언자 요한에게로 간 거지. 식구들 모두 경악에 가까울 정도로 놀랐단다. 나에게야 길고 긴 고민의 결과였지만 그들에겐 갑작스럽고 충동적인 결정으로 보였을 테니 당연한 반응이었지. 그렇게 세례자 요한과 함께 지내며 나는 마음의 참 평안을 찾을 수 있었단다. 더럽고 소란한 세상으로부터 분리가 주는 마음의 편안함, 하나님 나라를 기다리는 고독의 기쁨, 이런 것들이 마침내 내 삶의 위안이 되었지.

그런데 갑자기 그분이 나타나신 거야. 세례자 요한께서 회개를 선포하시고 세례를 베풀기 위해 잠시 세상으로 나왔을 때 나를 포함한 몇몇 제자들도 그분을 돕기 위해 함께 나왔어. 그리고 바로 그때 그분이 다가오신 거지. 요한께서는 나보고 들으라는 듯 말씀하셨어.

"보라, 세상 죄를 지고 가는 하나님의 어린양이다!" 그 길로 나는 주님을 따랐어. 기쁨의 고독을 버리고 다시 더럽고 소란한 세상으로 나온 거란다. 그리고 형을 주님께로 이끌었어. 어쩌면 이 일은 내가 주님의 제자로서 가장 잘한 일일지도 모르겠구나. 그리고 네가 아는 것처럼 그 이후로 형과 나는 우리에게 자유를 주시려고 친히 유월절 어린양이 되신 그분의 길을 처음부터 끝까지 함께했어. 그러니까 요나단, 늘 명심해야 한다. 세상과 떨어져 있는 것은 예수님을 따르는 것과는 가장 거리가 먼 일이란다. 불의와 악이, 실수와 실패와 좌절이 지배하는 세상 속으로 들어가는 것이야말로 주님의 뜻이야. 지금도 예수님은 바로 그곳에 계신단다.

요나단, 저기 어머니가 널 데리러 오시는구나. 오늘은 여기까지만 해야겠다. 다음엔 예수께서 광야에서 설교하실 때 보리떡 다섯 개와 물고기 두 마리를 가진, 꼭 너 같은 소년을 발견한 얘기를 해줄게. 그 이야기도 무척 흥미진진한 이야기란다.

조용한 사람이
큰 사고를 친다

◆

성경 속 안드레 다시 보기

예수님의 제자들 중에는 형제 제자들이 네 명이나 있었습니다. 베드로와 안드레, 야고보와 요한이 바로 그들입니다. 세베대의 아들로도 소개되는 야고보와 요한은 거의 늘 함께 등장하여 이 두 사람이 형제라는 사실은 많은 사람들이 쉽게 기억하고 있습니다. 하지만 베드로와 안드레가 형제라는 사실은 잘 의식되지 않는 편입니다.

형제 같지 않은 형제

복음서에서 베드로와 안드레가 함께 거론되는 일은 드뭅니다. 구체적으로 뽑아보자면 예수님이 처음으로 어부 제자들 네 명을 부르셨을 때 예수께서 베드로와 안드레 형제와 야고보와 요한 형제를 부르셨다는 대목에서 안드레는 베드로와 함께 언급됩니다(마 4:18; 막 1:16). 또 예수께서 처음 가버나움 회당에서 귀신을 쫓아내고 베드로의 장모를 고쳐주시려 그의 집으로 들어가시는 장면에서 마가는 이 집을 '시몬과 안드레의 집'이라 묘사하며 형제를 함께 언급합니다(막 1:29). 그리고 마지막으로 안드레가 베드로와 함께 언급된 것은 감람산(=올리브산)에서 성전을 바라보고 계신 예수님께 베드로 형제와 야고보 형제 네 사람이 조용히 다가와 세상의 종말에 대해 물어보았을 때입니다(막 13:3).

　　베드로와 함께 묘사되는 이야기가 드물 뿐 아니라 안드레에 대한 독자적인 이야기도 복음서에는 거의 나타나지 않습니다. 신약성경을 다 살펴도 사도행전을 포함하여 단 12절에서밖에 그 이름이 언급되지 않습니다. 예수님의 수제자였던 베드로와의 형제 관계에도 불구하고 안드레에 대한 언급이 이렇게나 빈약한 이유는 아마도 그가 예수님의 핵심제자 삼인방에 들지 못했기 때문일 것입니다. 열두 제자들 가운데서도 예수님은 베드로와 세베대의 두 아들인 야고보와 요한, 이 세 사람을 보다 특별하게 여기셨던 것 같습니다. 예를 들어 예수님이 한 산에서 영광스러운 모습으로 변하셨을 때 따로 데리고 가셨던 제자들이 바로 이 세 사람이었고(마 17:1; 막 9:2; 눅 9:28), 회당장 야이로의 딸을 살리시는 기적을 행하셨을 때도 예수님은 이 세 사람 말고는 아무도 따라 들어오지 못하게 하셨습니다(막 5:37; 눅 8:51). 겟세마네 동산에서 기도드리실 때 역시 예수님은 이 세 사람만 따로 데리고는 자신과 함께 깨어 있어 달라고 부탁하십니다(마 26:37; 막 14:33). 친구가 많아도 가장 힘들고 괴로울 때 특별히 생각나는 몇 명의 친구가 있는 것처럼 바로 이들이 예수님에게는 그런 사람들이었던 것 같습니다. 이 제자 삼총사와 안드레가 함께 등장하는 것은 감람산에서 예수님께 세상의 종말에 대해 물어보았을 때(막 13:3) 딱 한 번뿐입니다. 그래서일까요? 제자들의 명단을 소개할 때조차 마가복음은 베드로, 야고보, 요한을 거명한 다음에야 안드레를 포함한 나머지 제자들을 언급합니다. 심지어 마가는 제자들의 명단에서 마태나 누가와 달리 그가 베드로의 형제라는 소개마저 생략해버립니다. 요한복음의 마지막 장면, 고기를 잡다가 부활하신 예수님을 만나는 장면에서도 베드로와 세베대의 아들들은 언급되지만 갈릴리 호수의 같은 어부였던 안드레의 이름은 등장하지 않습니다(요 21:2). 안드레는 거기에도 없었던 모양입니다. 큰 존재감도 없을 뿐더러 베드로와 함께 언급되는 경우도 거의 없으니 두 사람을 형제로 인식하기가 어려운 것은 어찌 보면 당연한 일입니다.

달라도 너무나 달랐던 형제

베드로와 안드레가 형제지간이었음에도 불구하고 동떨어져 보이는 것은 단순히 안드레가 자기 형과 함께 측근 제자 삼인에 들지 못했기 때문만은 아니었습니다. 여러 정황으로 미루어볼 때 둘은 서로 피를 나눈 형제이기는 하지만 다소 이질적인 형제였던 것 같습니다. 둘 사이에 존재하는 이질적인 요소는 가장 먼저 그들의 이름에서 드러납니다. 제자 빌립에 대한 이야기에서 언급한 것처럼 '남자답다', '용감하다'라는 뜻을 지닌 안드레라는 이름 역시 그리스식 이름입니다. 예수님 당시 시대인 AD 1세기는 비록 로마가 그리스제국을 멸망시키고 대로마제국의 시대를 열기는 했으나 헬레니즘의 영향력이 여전히 제국의 사상과 문화를 강력하게 지배하던 시대였습니다. 로마의 군대와 제도와 법률이 세상을 지배하고 있었지만 문화와 사상 면에서는 여전히 그리스제국의 시대라 해도 과언이 아닌 시대였지요. 그리하여 사람들은 이 시대를 그레코로만(Greco-Roman), 즉 그리스-로마 시대라고 부릅니다. 전 로마제국의 공용어 역시 정복자 로마인들의 언어인 라틴어가 아니라 알렉산드로스 대왕 시대에 정착된 헬라어였습니다. 언어적 영향력이 얼마나 컸는가 하면 심지어 제국의 수도인 로마에서조차 헬라어를 즐겨 사용했다고 합니다. 로마의 원로원에서조차 헬라어로 연설을 할 정도였으며, 로마의 귀족들은 자신들의 자녀가 헬라어를 능통하게 할 수 있도록 태어나자마자 그리스인 유모를 두었다고 합니다. 로마 도시 한복판에까지 헬라어가 넘쳐나는 현상을 개탄하며 로마의 시인 유베날리스는 '이 도시는 그리스 도시(Graeca urbs)로구나' 하며 탄식했다는 말도 전해집니다. 다른 모든 사실을 떠나 로마제국의 시대에 기록된 신약성경이 모두 헬라어로 기록되었다는 사실은 헬레니즘의 영향력이 얼마나 강력했는가를 방증해주는 징표입니다. 심지어 바울 사도는 로마로 보내는 편지인 로마서 역시 헬라어로 기록했습니다.

사정이 이러한지라 디아스포라 유대인, 즉 이스라엘 땅이 아닌 이방지역에 흩어져 살던 유대인들은 흔히 두 개의 이름을 지니고 살기도 했습니다. 유대인 가족과 그룹에서는 히브리 이름을 사용하고 이방인들 속에서는 헬라어 이름을 사용하는 식으로 말입니다. 마치 외국에 사는 교포 2세나 3세가 사회에서 사용하는 외국 이름과 집에서 사용하는 한국 이름이 있는 것과 유사한 방식입니다. 사도 바울은 이렇게 자신의 출생지와 지역적 상황에 따라 두 가지 이름을 사용한 가장 대표적인 인물입니다. 바울의 이름에 관해 널리 알려진 오해는 바울이 회심하기 전에는 사울이었다가 회심한 이후에는 바울로 이름을 바꾸었다는 설명입니다. 사울이라는 이름이 이스라엘 초대 왕의 이름이었고 바울은 그리스어로 '작다'라는 뜻을 지녔으므로 이 바뀐 이름에는 회심 이후 바울의 겸손한 태도가 들어있다고 사람들이 즐겨 설명을 덧붙이곤 합니다. 은혜가 되기는 하지만 사실이 아닙니다. 이런 설명은 명백한 오해이고 오류입니다. 사도께서는 사울과 바울이라는 두 이름을 모두 사용하고 있었기 때문입니다. 바울은 유대인들과의 만남에서는 사울이라는 히브리어 이름을, 이방인들과의 만남에서는 바울이라는 그리스어 이름을 사용합니다. 사울이 회심 이후에 바울로 이름을 바꿨다는 오해는 아마도 사도행전 전반부에는 팔레스타인 땅을 무대로 주로 사울이라는 이름으로 등장하다가 후반부 선교여행에서는 주로 바울이라는 이름으로 등장하기 때문일 것입니다. 하지만 이런 식의 이름의 변화는 회심이 아니라 바울이 여행한 지역과 만나는 사람들에 관계된 것입니다. 무엇보다 사도행전의 다음 구절은 바울이 두 이름을 사용하고 있었음을 분명하게 밝혀줍니다. "그래서 '바울이라고도 하는 사울'이 성령으로 충만하여 마술사를 노려보고 말하였다(행 13:9, 새번역)."

그러나 우리의 주인공 안드레는 그 역시 그리스어 이름을 가지고 있었지만 이방지역에서 태어나고 살았던 바울과는 처지가 달랐습니다. 안드레는 디아스포라 유대인도 아니었으며, 그가 안드레라는 그리스 이름 이외에 다른 히브리 이름을 사용하고 있었다는 암시는 성경 그 어디에서도 발견되지 않습니다. 그러니까 안드레는 아마 빌립도 그랬으리라 생각되는 것처럼 순수한 내국인으로서 그리스어 이름 하나만을 가지고 있었던 것입니다. 여기서 빌립과도 차이를 보이는 유별난 지점은 안드레의 형인 베드로는 시몬이라는 순수한 히브리 이름을 지닌 반면 안드레 자신은 그리스어 이름을 지녔다는 사실입니다. 두 형제가 각각 히브리어 이름과 그리스어 이름을 가지고 있었던 것입니다. 비유하자면 일제 강점기 때 한반도에 살던 사업가 아버지가 한 아들에게는 조선인 이름을, 다른 아들에게는 일

본인 이름을 준 것과 유사합니다. 갈릴리 호숫가에서 가족 사업으로 어업에 종사하던 베드로와 안드레의 아버지는 요나(마 16:17-'바요나'는 '요나의 아들'이라는 뜻입니다) 또는 요한(요 1:42; 21:15)이라는 이름을 가진 사람이었습니다. 웬일인지 아버지 요나는 장남에게는 시몬이라는 히브리어 이름을, 차남에게는 안드레라는 그리스어 이름을 주었습니다. 장남과 차남의 탄생 사이에 뭔가 변화가 있었던 것입니다.

차남에게 그리스어 이름, 즉 국제적으로 통용될 헬레니즘의 이름을 부여한 것은 자신의 아들이 외국인을 만나고 상대할 만한 상황이 있을 것이라는 아버지의 전제와 계획 하에서만 가능한 행동입니다. 가장 자연스러운 설명은 사업적인 동기일 것입니다. 이 가족의 근거지는 가버나움이었습니다. 세리 제자 마태의 이야기에서도 설명한 것처럼 가버나움은 지중해 연안을 따라 이집트에서 시리아를 거쳐 메소포타미아에까지 이르는 고대 중요 무역로 비아 마리스(via maris) 근방에 위치한 상업도시였습니다. 로마군도 주둔해 있었고 세관도 있었던 도시인만큼 이방인들과의 접촉 또한 잦았습니다. 만일 그런 도시에서 사업이 번창하고 사업을 확장할 마음이 들었다면 당연히 이방인들을 상대로 한 사업을 구상했을 것이 틀림없습니다. 아마도 안드레가 태어날 때쯤의 상황은 요나가 사업을 이방인들에게로까지 확장하기로 마음을 먹었던 상황이었을 수 있습니다. 요나는 안드레에게 그리스식 이름과 더불어 언어를 포함한 모든 그리스식 교육을 함께 제공했을 것입니다. 안드레가 헬라어를 할 수 있었던 빌립과 친하게 지냈던 것에서도 우리는 이런 교육적 환경의 공통점을 추측할 수 있습니다. 해외로의 사업 확장을 위해 키웠던 둘째 아들이라면 첫째 아들과는 많이 다르지 않았을까요? 두 형제가 자라난 문화적 환경에는 생각보다 큰 차이가 있었을지 모릅니다. 그리고 그 환경적 차이는 형제 사이에 미묘한 정서적 거리감을 조장할 수 있었겠다고 충분히 생각할 수 있습니다.

베드로와 안드레 형제의 차이는 문화적 환경뿐 아니라 성격적인 면에서도 살펴볼 수 있습니다. 아무래도 안드레는 자기 이름에 걸맞은 성격을 지녔던 것은 아니었던 것 같습니다. 그의 성격을 대변하기 위해 사용되는 단어들은 주로 다음과 같은 것들입니다. 온건, 성실, 조용, 침착, 신중. 형인 베드로와는 너무나 대조적인 말들입니다.

베드로가 어떤 성정을 지닌 사람이었는가는 성경 곳곳에서 드러납니다. 그는 불같은 성격을 지닌, 동시에 그다지 지성적이지도 않은 다혈질의 인간이었습니다. 차분한 생각이나 성찰 이후에 행동을 감행하기보다는 깊은 생각 없이 그때그때 순간의 감정이 이끄는 대로 행동으로 옮기는 타입의 사람이었습니다. 이에 대한 증거는 성경 곳곳에 차고도 넘칩니다. 예수께서 물 위를 걸으시는 기적을 보여주셨을 때, 물 위를 걸어오는 사람이 예수님이라는 사실을 알자마자 베드로는 다짜고짜 자기에게도 물 위를 걸으라고 명령해 달라 하고는 정작 몇 걸음 만에 물에 빠져 허우적대며 살려달라고 난리를 칩니다(마 14:28~30). 예수께서 세 명의 제자만 따로 데리고 산에 오르셔서 찬란한 신적 영광을 보여주셨을 때도 베드로는 천막을 지어드릴 테니 그냥 여기서 살자고 아무 생각 없는 말을 쏟아냅니다(마 17:4; 막 9:5; 눅 9:33). 성경은 그의 이 말을 이렇게 평가합니다. "베드로는 자기가 무슨 말을 하는지도 모르고 그렇게 말하였다(눅 9:33, 새번역)." 더 나아가 예수님의 장래 계획이 자기 생각과 다르다고 화가 났을 때는 예수님께 대들고 야단을 칠 정도로까지 눈이 뒤집히는 사람입니다(막 8:32). 또한 주님을 배반하지 않겠노라 세상 떠나가라 장담을 하다가도(마 26:33; 막 14:29) 배신한 자신의 모습을 보고는 통곡을 하는(마 26:75; 막 14:72; 눅 22:62), 감정의 온탕과 냉탕을 수시로 오가는 사람입니다. 이 점에서는 특별제자 삼총사인 야고보와 요한 형제도 크게 다르지 않았던 것 같습니다. 얼마나 요란한 사람들이었으면 예수님께서 그들에게 '천둥의 아들'이라는 별명을 지어주셨을까요?(막 3:17, 새번역) 안드레가 형 베드로나 야고보와 요한 형제와 잘 어울리지 못했던 데에는 이런 성격 차이도 한 몫 했을 것 같습니다. 하지만 우리는 요한복음을 통해 이 차분하고 조용한 안드레에 대한 뜻밖의 정보를 발견하게 됩니다. 요한복음은 그를 세례 요한의 제자로 소개하고 있기 때문입니다(요 1:35~42).

상상을 뛰어넘는 결단력의 소유자

요한복음은 안드레를 요한을 따라다니던 두 제자 중 하나로 묘사합니다(요 1:40). 복음서 중 가장 늦게 기록된 요한복음은 자신의 고유한 신학적 사상을 전개하기 위해 공관복음서에 기록된 사건들을 비교적 자유롭게 변주하고 채색하는 복음서입니다. 그러기에 요한복음에 기록된 이야기들은 공관복음서에 기록된 같은 이야기들과 상당한 차이를 보일 때도 많습니다. 예를 들어 공관복음서들이 예수님이 십자가에 달려 돌아가신 날을 유월절로 기록하는 반면 요한복음은 유월절 전날에 십자가에 달리신 것으로 기록합니다(요 18:28; 19:14). 또한 공관복음서들이 예수님의 십자가를 구레네 사람 시몬이 대신 지고 간 것으로 묘사할 때 요한복음을 보면 예수께서 그 누구의 도움도 없이 직접 끝까지 십자가를 지고 가십니다(마 27:32, 막 15:21, 눅 23:26과 요 19:17 비교). 따라서 사건의 묘사에서 요한복음이 공관복음서들과 차이를 보이는 지점에서는 대체로 공관복음서들의 묘사가 역사적 정황에 더 가깝다고 말할 수 있습니다. 요한복음의 변주는 예수께서 제자를 부르신 이야기에서도 발견됩니다. 공관복음서들이 예수께서 부르신 첫 번째 제자로 베드로를 언급하는 데 반해 요한복음은 예수님을 따른 첫 번째 제자로 세례 요한의 두 제자를 언급합니다(요 1:35~37). 바로 이 두 사람 중 하나가 안드레였습니다(요 1:41). 그리고 요한복음에서 안드레는 자신의 형 시몬 베드로를 예수께로 인도합니다(요 1:41~42). 이처럼 요한복음은 안드레를 베드로에 앞세웁니다.

만일 우리가 안드레에 대한 요한복음의 묘사를 받아들인다면 우리는 안드레에 대한 새로운 인상을 얻게 됩니다. 그는 광야의 선지자 세례 요한의 제자였던 것입니다. 성경에는 나오지 않으나 바리새파, 사두개파 이외에도 속세를 떠나 광야로 들어간 후 엄격한 규율과 금욕생활 속에서 하나님의 나라를 기다리던 유대교의 종파가 있었습니다. 그들은 에세네파라고 불렸고, 사람들은 광야에서 회개를 선포했던 세례 요한이 이 에세네파와 깊은 관계가 있을 것으로 생각합니다. 안드레가 이 세례 요한의 제자였다는 사실은 놀랍게도 그가 어느 순간 모든 것을 버리고 속세를 떠나 광야로 들어갔을 수도 있다는 사실을 말해줍니다.

만일 요한복음의 보도가 사실이라면, 그리고 정말로 그가 모든 것을 버리고 광야로 떠나갔다면, 안드레의 아버지 요나에게는 청천벽력 같은 일이 벌어지고 만 셈입니다. 집안 사업을 위해 비싼 돈을 들여 사교육을 시키고 해외유학을 보내놨더니 덜컥 도를 닦겠다고 속세의 연을 끊어버리고 산으로 들어가 버린 셈이니까요. 조용한 성격의 안드레가 상상을 초월하는 대형 사고를 친 것입니다. 안드레의 행보는 부친과 절연하면서 막대한 부와 상속권을 포기하고 가난으로 돌입했던 아시시의 성자 프란치스코와도 닮았습니다. 안드레는 단지 조용하기만 했던 사람이 아니라 모든 것을 버리고 낭떠러지로 몸을 날릴 수 있는, 상상을 뛰어넘는 엄청난 결단을 실행에 옮길 수 있었던 사람이었던 것입니다. 한 번은 세례 요한에게로, 한 번은 예수님에게로, 보통 사람은 한 번도 하기 어려운 결단을 그는 두 번씩이나 감행합니다. 안드레는 치열한 영적 고민 속에 있었던 사람이었고, 하나님 나라를 위해 글자 그대로 모든 것을 던질 수 있는 사람이었던 것입니다.

　　전설에 따르자면 안드레는 예수님의 부활 이후 세상을 종횡무진 누비며 그리스와 비잔티움을 넘어 최초로 러시아까지 복음을 전파했다고 합니다. 그리고 그리스 지역에서 체포되어 순교당할 때는 자신이 달릴 십자가로 X형의 십자가를 선택했다고 전해지지요. 헬라어 알파벳 X(chi키)가 헬라어 '그리스도'(Χριστός크리스토스, 대문자로는 ΧΡΙΣΤΟΣ)의 첫 글자였기 때문입니다. 그리스도의 헬라어, 즉 Χριστός는 지금도 부분적으로 종종 사용됩니다. 우선 크리스마스가 그렇습니다. 예수님의 탄생을 기념하는 크리스마스(Chirstmas)는 본디 그리스도를 뜻하는 Christ에 미사를 뜻하는 Mass를 합쳐서 만든 말입니다. 이 크리스마스를 X-mas로 줄여 쓰기도 하는데 이때의 X 역시 영어의 알파벳이 아니라 안드레의 십자가처럼 헬라어 그리스도의 첫 글자인 것이지요. 교회에서 종종 보게 되는 ☧ 표시도 헬라

안드레는 치열한 영적 고민 속에
있었던 사람입니다.

어 그리스도와 관련이 있습니다. 콘스탄티누스 황제가 하나님이 꿈에 보여주신 표식을 방패에 새기고 군기로 사용하여 전쟁을 이겼다는 ☧ 표시 역시 대문자 헬라어 그리스도의 처음 두 글자인 X와 P(rho로: 영어의 P와 모양은 같지만 헬라어에서는 R에 해당하는 알파벳)를 합쳐서 만든 것입니다.

마지막 순간까지 그리스도의 십자가를 품고 세상을 떠났던 조용한 사도 안드레는 온순하고 조용하기만 한 사람이 아니라 무서운 결단력을 지닌 사도였습니다. 어쩌면 진정 세상을 변화시킬 수 있는 사람들은 요란하게 열광적인 사람들이 아니라, 고요히 진리에 대해 고뇌하고 간결히 삶에 대해 결단하는 조용한 사람들일지도 모릅니다.

PART 8
다대오

다대오의
독백

◆

이제는 존재감 없는 내가 좋습니다

제 얘기가 듣고 싶으시다고요? 저 역시 주님의 제자라서? 그렇다면 사람을 잘못 고르셨습니다. 저야말로 가장 들을 것이 없는 제자거든요. 성경 전체를 뒤져봐도 저에 대한 이야기는 딱 한 군데, 요한복음의 고별설교 자리에서 주님께 딱 한 번 질문을 한 것이 전부입니다. 그때 이렇게 물어봤죠. "주님, 주님께서 우리에게는 자신을 드러내시고 세상에는 드러내려고 하지 않으시는 것은 무슨 까닭입니까?" 누구라도 물어볼 수 있는 질문이었고, 누가 물어봤어도 상관없는 질문이었습니다.

어쩌면 저는 가장 존재감이 없는 주님의 사도일 것입니다. 제가 얼마나 존재감이 없는지는 이후 역사 속에서 열두 명의 사도를 묘사한 예술작품 가운데서도 드러납니다. 제 자리엔 자주 사도 바울이 저를 밀어내고 들어서기도 하고, 한 자리를 시몬과 나누어 차지하기도 합니다. 제 자리에는 그 누가 들어서더라도 상관없는, 참 존재감 없는 제자이지요. 하지만 그래도 상관없습니다. 주님의 열두 제자는 이스라엘의 열두 지파를 대표합니다. 하지만 저는 동시에 이 열둘이 앞으로 오게 될 세대의 여러 종류의 사람들 또한 대표한다고 생각합니다. 그렇다면 세상 어딘가에는 분명 저같이 존재감 없는 사람들도 있을 터이니 어쩌면 저는 이 세상의 모든 존재감 없는 이들을 대표하는 셈일 것입니다.

처음 복음서를 기록했던 복음서의 저자들도 저를 정말 아무렇지도 않은 존재로 취급했습니다. 오죽했으면 주님이 택하신 사도들의 명단을 기록할 때도 제 이름은 제멋대로였습니다. 어떤 복음사가는 저를 다대오라 하고, 다른 복음사가는 저를 유다라고 하더군요. 심지어는 레배오라고 부른 사람도 있습니다.[1] 별명도 아니고 이름이 세 개씩이나 있는데 제 정확한 이름은 과연 무엇이었을까요? 결국 이름이 무엇이든 아무 상관도 없다는 뜻이었겠지요. 그만큼 저는 그 누구의 관심도 끌지 못했습니다. 나를 드러낸다는 것은 상상도 할 수 없었습니다.

그런데 그거 아십니까? 뜻밖에도 주님께도 비슷한 면이 있으셨습니다. 그분은 자신을 드러내는 것을 좋아하지 않으셨습니다. 웃으시는군요. 하긴, 터무니없이 들릴 만도 하겠습니다. 주님처럼 온 나라를 휘젓고 돌아다니시면서 놀라운 기적을 행하고 군중들 앞에서 하나님 나라의 설교를 한 분이 자신을 드러내지 않았다니, 지독한 농담처럼 들릴 법도 합니다. 온 세계에서 가장 유명해지실 분이 자신을 드러내지 않았다니 말입니다. 그런데 잘 생각해보십시오. 그분은 언제나 하나님을 드러내셨지 자신을 드러내지는 않으셨습니다. 그분은 놀랄만한 기적을 행하신 후에 늘 하나님께 영광을 돌리라고 하셨고, 그분이 하신 모든 말씀의 결론은 하나님을 믿으라는 것이었습니다. 행여 사람들이 하나님보다 자기 자신에게 관심을 집중할 것 같으면 바로 사람들을 피해 외딴 곳으로 가버리시기도 했죠. 세상에서 가장 유명하신 분이었지만 세상

---

[1] 예를 들어 마 10:3의 '다대오'를 몇몇 사본은 '레배오라 불린 다대오', '다대오라 불린 레배오' 등으로 표기하기도 한다.

에서 가장 드러나기를 원하지 않으셨던 분이셨습니다.

"주님, 주님께서 우리에게는 자신을 드러내시고 세상에는 드러내려고 하지 않으시는 것은 무슨 까닭입니까?" 사실 성경에 기록된 저의 유일한 질문은 바로 이 점에 관한 것이었습니다. 그분은 홀로 있을 때 우리에게만 자신의 생각을 말씀해주시곤 했습니다. 당신의 고뇌와 불안을 우리에게 토로하시기도 했죠. 그뿐만이 아니었습니다. 정반대로 다른 사람들은 보지 못한 찬란하고 영광스러운 신비의 모습을 보여주시기도 했습니다. 가장 인간적이고 가장 신적인 모습을 그분은 우리에게만 보여주셨습니다. 왜 세상에 드러내지 않느냐는 제 물음에 대한 주님의 대답은 사랑이었습니다. 사랑은 그런 것이라고, 사랑은 결코 공적인 것이 아니라 내밀하고 친밀한 일대일의 관계라고 주님은 대답하셨습니다. 가장 위대한 하나님의 사랑도 모든 사람에게 동시에 전해지는 것이 아니라, 마치 각 사람이 손에 든 촛불처럼 그렇게 한 사람 한 사람으로 전해지는 것이라고 주님은 설명해주셨습니다. "내가 여러분 한 사람 한 사람에게 이렇게 사랑을 전했으니 여러분도 나처럼 한 사람 한 사람에게 사랑을 전하도록 하세요. 우리 그렇게 하나님의 사랑을 세상에 널리 퍼뜨려 봅시다. 언젠가 온 세상이 하나님의 사랑으로 가득 찰 수 있게요." 아직도 그 말씀을 하실 때 미소를 띤 주님의 표정이 눈에 선합니다. 제가 주님께 배운 것은 바로 그것이었습니다. "사랑은 소리가 나지 않는다. 사랑은 고요하며 존재감이 없다. 그런데 그 존재감이 없는 사랑이 인간의 존재를 뒤흔들고, 우주를 격동시킨다." 주님께서 몸소 보여주신 것도 바로 그것이었습니다.

세상은 언제나 큰 소리를 내는 사람들에 의해 돌아가는 것처럼 보입니다. 대개 세상에서는 목소리 큰 사람들이 이기곤 합니다. 힘 있는 자들은 언제나 목소리를 크게 내지요. 그래서 사람들은 저마다의 힘을 키우며 기를 쓰고 목소리를 높이는 연습을 합니다. 힘을 얻을수록 목소리는 커지고, 목소리를 잃은 자들은 힘도 함께 잃습니다. 이런 세상에서는 자기 목소리를 내고 자기 권리를 명확하게 주장하지 않으면 심지어 부당한 취급을 당하더라도 당할 만하다는 식으로 여기기도 합니다. 사람들은 목소리가 커야 세상이 듣는다고 생각합니다.

그런데 당신도 아시지요. 주님은 죽으실 때 아무 소리도 내지 않으셨다는 사실을요. 마치 도살장에 끌려가는 양처럼, 마치 그 자리에 없는 사람처럼, 주님은 아무런 변명도, 자기변호도 없이 그렇게 순순히 죽임을 당하셨습니다. 참으로 존재감 없는 사람으로 주님은 십자가에 못 박히셨습니다. 제자라는 우리도 모두 비겁하게 도망치고 말았으니 그가 십자가 위에서 죽으실 때 주위에는 거의 아무도 없었습니다. 숭고하고 장엄한 죽음이 아니라, 쓸쓸하기 짝이 없는 시시한 죽음이었습니다. 그런데 그 조용한 사랑이, 목소리를 잃은 사랑이, 바람에 꺼질 듯한 작은 촛불이 마침내 온 세상을 불태우고 말았습니다.

말씀드렸다시피 저는 참으로 존재감 없는 주님의 사도입니다. 그런데 그거 아십니까? 저는 이 존재감 없음이 귀하고 좋습니다. 복음을 전파하러 다니는 동안 사람들이 저를 기억하지 못하는 만큼 그들은 복음만을 더 기억하게 될 테니까요. 제가 베드로가 아닌 게 얼마나 복됩니까? 결국 전해지는 것은 제 이름이 아니라 하나님의 사랑일 테니까요.

다대오든 유다든 레배오든, 제가 누군지는 더 이상 중요하지 않습니다. 전해져야 하는 것은 제 이름이 아니라 하나님의 사랑이니까요.

저는 주님의 사도로 온 세상에 복음을 전파하고 그 복음 때문에 결국 죽음을 당했습니다. 그러나 제 모든 삶의 여정은 그저 제각각 다른 전설로만 떠돌고 있을 뿐입니다. 주님이 계실 때도 그러했는데 주님이 부활하시고 사도들이 흩어진 이후에야 오죽하겠습니까. 그러나 저는 정말로 기쁩니다. 아무도 제 실체를 모른다는 사실이 말입니다. 세상이 아니라 오직 하나님만 제 삶을 아신다는 사실이 말입니다. 스승이신 주님의 마지막 본을 조금이라도 따른 것 같아 저는 정말 기쁘고 감사합니다. 이름도 없이 빛도 없이 감사하며 섬길 수 있어서 말입니다.

아무라도 좋은 사람들을 위한 사도

◆

성경 속 다대오 다시 보기

공관복음서에 속하지 않는 요한복음은 가까이에서 예수님을 따랐을 수많은 제자들을 이스라엘 열두 지파에 맞추어 열두 명으로 제한시키고 차별화된 특권을 부여하는 것에 다소 거부감을 느꼈던 모양입니다. 그런 이유에서인지 요한복음에는 예수님의 특별제자 12인의 명단이 등장하지 않습니다. 하지만 요한과는 다르게 마태, 마가, 누가는 자신들의 복음서에 공들여 열두 제자의 명단을 작성하여 소개합니다. 각각의 명단에 등장하는 이름의 순서는 다소 차이가 나지만 등장인물 열한 명의 이름은 동일합니다. 아니 잠깐만, 열한 명이라니요? 열두 제자라면 열두 명 모두 같은 이름이어야 하지 않을까요? 그런데 놀랍게도 명단에서 이름이 일치하지 않는 제자가 한 명 있으니 그 사람이 바로 다대오라고 불리는 제자입니다.(가톨릭에서는 다대오를 '타대오'로 표기합니다.)

마태와 마가가 '다대오'라고 지칭한 제자가 이상하게도 누가복음에는 등장하지 않습니다. 누가는 다대오 대신 '야고보의 아들 유다'라는 제자를 다대오의 자리에 소개합니다(눅 6:16; 행 1:13). 그러니 누가가 기록한 누가복음과 사도행전에 따르자면 다대오라는 제자는 없는 셈입니다. 대신 그 자리에 야고보의 아들 유다라는 제자가 있는 것입니다. 열두 제자의 이름을 소개한 명단이 복음서들 가운데서도 서로 일치하지 않는다니, 그렇다면 명단이 잘못된 것일까요? 아니면 예수님의 제자 중 한 명은 정체가 불분명한 것일까요? 다대오와 유다는 동일인물일까요? 아니면 서로 다른 인물일까요?

명단의 오류?

열두 명의 명단이 잘못되었을 리 없다는 전제하에서 사람들은 대개 두 사람을 동일인물로 간주합니다. 하지만 같은 전제하에서 두 사람을 다른 인물로 상정하는 사람들도 있습니다. 이들은 예수께서 살아계셨을 때 열두 제자 중 한 제자가 죽어 다른 제자로 대체됐다고 설명합니다. 그러니까 다대오가 죽은 후 유다로 대체되었거나 유다가 죽은 후 다대오로 대체되었다는 식의 설명입니다.

이런 생각이 논리적으로 아주 불가능한 것은 아닙니다. 실제로 사도행전을 보더라도 교회는 이스라엘 지파의 수인 열둘이라는 숫자를 매우 중요하게 생각하여 죽어서 공석이 된 가룟 유다의 자리를 다른 제자를 뽑아 대체했기 때문입니다(행 1:15~26). 흥미롭게도 이때의 이야기를 살펴보면 후보자의 조건은 예수께서 세례를 받으실 때부터 승천하실 때까지 함께 다니던 사람이었습니다. 그러니까 그중 후보를 가릴 정도로 예수님 가까이에서 그분과 공생애를 함께했던 제자들은 최소 열네 명이 넘었던 것입니다. 어쨌든 그중에서 새롭게 열두 제자에 속하게 된 사람은 맛디아라는 제자였습니다. 하지만 유감스럽게도 지금의 교회는 애써 뽑힌 맛디아는 제쳐두고 가룟 유다를 열두 제자에 넣어 생각합니다. 첫인상이라는 게 이렇게나 무서운 법입니다.

만일 다대오와 유다가 서로 대체된 것이라면 혹자는 어떻게 그런 중요한 일을 복음서가 다루지 않았는가 의문을 제기할 것입니다. 하지만 조금만 주의를 기울여본다면 복음서들은 특별히 중요하게 여기지 않은 제자들을 무척이나 소홀히 다룬다는 사실을 바로 알 수 있습니다. 그렇게 중요한 열두 제자이건만 행적은커녕 명단에만 이름을 올린 제자들도 있으니까요. 무엇보다 새롭게 선출된 맛디아가 복음서에 전혀 등장하지 않는다는 사실도 이를 증명합니다. 예수님과 공생애 전체를 함께 다녔고 부활을 포함한 모든 일의 증인이 될 만한 사람이었건만 복음서의 기자들은, 심지어 열두 번째 사도의 보충을 기록한 누가마저도 예수님의 이야기에서 맛디아에 대해 전혀 언급하지 않습니다. 복음서가 맛디아를 소홀히 다룬 방식을 보면 다대오가 유다로 대체되었다든지 아니면 그 반대든지 복음서가 이 일을 중요하지 않게 여겨 기록하지 않았을 것이라고 충분히 생각할 수 있습니다. 맛디아를 다룰 때처럼 요한복음을 제외한 공관복음서들은 다대오든 유다든 그에 대해서는 명단에만 기록해 넣었을 뿐이었습니다.

모든 가능성을 고려해볼 때, 마태와 마가가 말한 다대오와 누가가 말한 유다가 동일인물이 아닐 수 있다는 가능성을 완전히 배제할 수는 없습니다. 그럼에도 불구하고 다대오와 유다가 다른 사람일 것이라는 생각은 극히 소수의 의견에 불과하고, 이에 대한 확실한 증거도 발견되지 않았으며, 다대오와 유다를 다른 인물로 상정할 경우 명단의 불일치와 오류를 가정해야 한다는 어려움 때문에 교회는 지금까지 다대오와 유다를 동일인물로 간주해왔습니다. 그리하여 교회는 두 이름을 합쳐 이 예수님의 제자를 통상 '유다 다대오'로 부릅니다.

요한복음의 유다

요한 역시 '야고보의 아들 유다'를 예수님의 제자 이름으로 소개한 누가와 비슷한 입장을 취하는 것처럼 보입니다. 비록 열두 제자의 명단을 작성하지는 않았지만 요한복음에는 간간히 제자들의 이름이 개별 사건 속에서 언급되는데, 특별히 최후의 만찬 자리에서 베드로와 가룟 유다(특이하게도 요한복음에는 가룟 유다가 '시몬 가룟의 아들 유다'로 표시됩니다. 이에 따르자면 유다의 아버지인 시몬 역시 아들 유다처럼 '가룟'이라는 별명을 지녔던 셈이 됩니다.) 이외에 도마, 빌립, 유다가 언급됩니다. 요한복음에 따르면 최후의 만찬 자리에서 예수께서 긴 연설을 행하실 때, 특별히 보혜사 성령을 보내주겠다 약속하시는 대목에서 '가룟 유다가 아닌 다른 유다(요 14:22, 새번역)'는 예수님께 다음과 같이 질문을 던집니다. "주님, 주님께서 우리에게는 자신을 드러내시고 세상에는 드러내려고 하지 않으시는 것은 무슨 까닭입니까?" 이 유다가 누가가 말한 야고보의 아들 유다이며 다대오와 같은 인물이라고 가정한다면 이것은 명단 이외에 기록된 다대오에 대한 유일한 보도입니다.

이 '가룟 유다가 아닌 다른 유다'가 누가복음의 명단에 등장하는 '야고보의 아들 유다'일 가능성이 높지만, 이 둘이 동일인물이 아닐 가능성 또한 존재합니다. 실제로 교회 전통에서는 이 유다를 예수님의 친형제였던 유다라고 생각하기도 했기 때문입니다. 예수님의 친형제들 이름에 대해서 마태는 다음과 같이 기록합니다. "이 사람은 목수의 아들이 아닌가? 그의 어머니는 마리아라고 하는 분이 아닌가? 그의 아우들은 야고보와 요셉과 시몬과 유다가 아닌가?(마 13:55, 새번역; 막 6:3 참조)" 예수님의 형제로 마지막에 거명된 유다를 어떤 사람들은 요한복음에 등장한 유다와 동일인물로 본 것입니다. 누가복음과 달리 요한복음에는 아버지의 이름이 명시되지 않았으니 그런 추측도 아주 불가능한 것은 아닐 것입니다. 하지만 적어도 요한복음의 내적 증거를 따르자면 예수님의 친형제가 예수님의 제자가 되었다는 가정은 불가능합니다. 요한복음은 예수님의 형제들이 예수님을 믿지 않았다고 분명하게 보도하기 때문입니다(요 7:5). 그러니 요한이 언급한 이 유다가 예수님의 형제 유다일 리는 없습니다. 오히려 이 유다는 최후의 만찬 자리에 참석해있을 만큼 예수님과 가까운 제자였으므로 그는 누가가 말한 야고보의 아들 유다와 동일인물일 가능성이 더 높습니다.

그렇다면 이제는 다대오와 유다 중에서 이름과 별명을 가리는 일만 남았습니다. 이스라엘 이름에서 어쩌면 가장 널리 알려진 이름 중 하나일 유다가 별명일 리는 없으니 자연스럽게 다대오가 유다의 별명이 됩니다. 시몬에게 붙은 베드로라는 별명이 바위나 돌을 가리키는 것처럼 유다에게 붙은 다대오 역시 그에 관한 어떤 정보를 알려줄 수 있을 터인데, 유감스럽게도 이 별명 다대오가 어떤 히브리어 단어에서 파생된 이름인지는 불분명합니다. 그러니 만약 다대오가 별명이라면 왜 유다에게 이런 별명이 붙었는지, 또 이 별명이 무슨 의미인지 현재로서는 알 길이 없습니다. 어쨌든 이런 사연으로 인해 결론적으로 이 예수님의 제자는 현재 우리에게 '유다 다대오'로 알려져 있습니다.

다대오와 유다 두 이름 중 본명 유다보다 별명 다대오가 우리에게 더 익숙한 이유에 대해서는 두 가지 점을 생각해볼 수 있습니다. 첫 번째 이유는 단순히 복음서의 순서에 따라 우리가 다대오라는 이름을 유다라는 이름보다 먼저 접하기 때문일 것입니다. 단순히 직관적인 이유라 할 수 있겠습니다. 하지만 그것보다 더 결정적이고 중요한 두 번째 이유는 이 유다에게 똑같은 이름을 지닌 워낙 유명한 배신자가 있었기 때문일 것입니다. 누가가 다대오의 본명 유다를 가룟 유다와 구별 짓기 위해 '야고보의 아들'이라는 부차적 설명과 함께 명단에 기록했을 때, 또 요한이 '가룟 유다가 아닌 다른'이라는 설명을 덧붙여 그를 배신자 유다와 구별했을 때, 마태와 마가는 같은 이름을 지닌 특출한 배신자로부터 그를 구별하고 두 제자의 혼동 가능성을 피하기 위해 아예 유다라는 이름을 언급하지 않는 길을 택한 것으로 보입니다. 그래서 마태와 마가는 그의 이름을 별명인 다대오로만 기록했을지 모릅니다. 이후 교회에서도 사람들은 혼동을 피하기 위해 누가와 요한의 예를 따르기보다는 마태와 마가를 따라 다대오라는 이름으로 이 제자를 불렀을 것입니다.

다대오, 유다, 레배오 - 정체불명의 세 이름

그런데 다대오의 이름과 관련해서는 조금 더 복잡하고 이상한 사연이 얽혀 있습니다. 다대오의 다른 이름으로 유다만 등장하는 것이 아니라는 사실입니다. 다대오의 이름을 명단에서 소개하는 마태복음의 여러 필사본 중에는 다대오의 이름 자리에 다대오도 유다도 아닌 또 다른 제삼의 이름을 적어 넣은 필사본도 있으니, 그 이름은 바로 '레배오'입니다. 레배오라는 이름은 히브리어로 심장을 뜻하는 '레바브(בבל)'에서 파생된 이름으로 뜻은 아마도 '나의 심장'이나 '여호와의 심장'일 것으로 추측됩니다. 더 나아가 다대오의 또 다른 이름으로 레배오를 소개하는 필사본들 사이에도 약간의 차이점이 존재하는데, 어떤 필사본에는 다대오라는 이름 없이 레배오라는 이름만 등장하는 데 비해, 어떤 필사본에는 '다대오라 불리는 레배오'로 나타나기도 하고, 또 다른 필사본에는 '레배오라 불리는 다대오'로 나타나기도 합니다. 다대오와 레배오 두 이름을 동시에 언급한 경우는 각각 하나는 이름으로 하나는 별명으로 소개하는 방식입니다.

이처럼 필사본에 나타난 대로 두 이름을 본명과 별명으로 소개하는 헬라어 구문의 형식은 신약성경에서 흔하게 발견됩니다. 그중 다대오와 레배오 경우와 가장 비슷한 예를 하나 들자면 사도행전에 등장하는 바울의 동역자 바나바에 대한 소개일 것입니다. 사도행전에서 바나바를 이름과 별명으로 소개하는 헬라어 구문의 형식은 마태복음의 필사본이 다대오와 레배오를 언급하는 방식과 완전히 동일합니다. 우리가 너무나 잘 알고 있는 바울의 동역자 바나바는 그의 본명이 아닙니다. 사도행전에 따르면 그의 본명은 요셉으로 바나바는 '위로의 아들'이라는 뜻의 별명이었습니다. 처음으로 바나바를 소개하면서 사도행전은 이 사실을 다음과 같이 기록합니다. "키프로스 태생으로 레위 사람이요, 사도들에게서 바나바 곧 '위로의 아들'이라는 뜻의 별명을 받은 요셉이(행 4:36, 새번역)." '바나바라는 별명을 받은 요셉'이라는 우리말 번역에 해당하는 헬라어 원문에는 '다대오라 불리는 레배오'처럼 그저 '바나바라 불리는 요셉'이라고 간단히 적혀 있을 뿐입니다.

　　필사본에 따라 '다대오라 불리는 레배오'로 나타나기도 하고 '레배오라 불리는 다대오'로 나타나기도 하니 다대오가 본명이고 레배오가 별명인지, 아니면 그 반대인지도 확실하지 않은 셈입니다. 유다에 이어 레배오까지 본명의 후보로 등장했으니 가칭 '다대오'는 예수님의 이야기 속에서 그다지 존재감을 드러내지 못했을 뿐만 아니라 그 이름과 정체마저도 확실치 않은 제자였던 셈입니다. 유다라는 이름만 알고 있을 때에는 유다와 다대오가 동일인물이라고 쉽게 가정할 수 있었는데, 유다는 전혀 언급되지 않는 상황에서 다대오와 레배오만 언급되는 지경에 이르러서는 유다와 다대오가 동일인물이라는 가정 역시 흔들리는 처지가 되고 맙니다. 동일한 한 사람이 세 가지 이름으로 불릴 수 있는 경우란 그 예를 찾기 힘들기 때문입니다.

　　과연 예수님의 남은 한 제자는 누구였으며 그의 이름은 무엇이었을까요? 왜 복음서 기자들은 이 제자에게 이토록 주의를 기울이지 않았던 것일까요? 왜 사도들의 행적을 기록한 사도행전에도 다대오인지 유다인지 레배오인지 알 수 없는 제자는 이름 외에 아무 곳에서도 언급조차 되지 않은 것일까요? 만일 내가 열두 제자 중 이 제자에 해당한다면 꽤 쓸쓸하지 않을까 상상해보게 됩니다. 무려 열두 제자 중에 한 사람인데도 이름으로 살펴본 그의 처지는 초라하기 짝이 없습니다.

전설이 짝지어준 친구

성경에서 초라한 취급을 받은 제자라 할지라도 열두 제자를 교회의 중심 기둥으로 생각한 교회는 모든 제자에게 선교와 순교의 전설을 고르게 할당했습니다. 그리하여 선교와 순교의 전설에서만큼은 다대오도 소외되지 않았습니다. 그의 삶에 관해서는 거의 모든 전설이 그렇듯 단 하나의 일관되고 통일된 설만 전해지는 것은 아니지만, 전설에 따르면 대체로 그는 예수님의 부활과 승천 이후 시리아와 메소포타미아, 페르시아 등지에서 선교했다고 전해집니다. 그리고 일설에 의하면 그는 페르시아에서 순교했다고 합니다. 그런데 이 마지막 여행지인 페르시아로의 선교에는 또 다른 제자가 함께했다고 전해집니다. 그는 바로 열심당원이라 불렸던 시몬이었습니다. 이 시몬은 순교의 자리에서도 다대오와 함께였다고 합니다.

다대오가 열심당원이었던 시몬과 함께 페르시아로 선교여행을 떠나고 함께 순교를 당했다는 전설은 흥미롭습니다. 열두 제자들에 관한 전설에서 이렇게 함께 한 장소에서 최후를 맞는 제자들의 전설은 매우 드물기 때문입니다. 전설이 이 두 사람의 마지막을 하나의 공동 운명으로 묶은 이유는 아마도 열두 제자의 명단에서 그 이유를 찾을 수 있을 것 같습니다.

복음서에 나타난 열두 제자의 명단을 모두 살펴보면 다대오와 시몬은 모든 명단에서 가룟 유다를 제외하고 맨 마지막에 함께 등장하는 최후의 이인입니다. 중요한 사람들을 다 지나고 맨 마지막에 볼품없이 등장하는 두 사람, 사람들은 명단 마지막에 사이좋게 등장하는 두 사람을 보

다대오든 유다든 레배오든,
나의 이름은 중요하지 않습니다.

면서 그들의 삶도 아름답게 함께 엮고 싶었을 것입니다. 그리하여 전설은 두 사람을 함께 페르시아로 선교여행을 떠나게 하고 함께 순교를 당하게 만듭니다.

페르시아 순교의 전설에 따르면 그들을 죽인 사람들은 다대오와 시몬이 그 지역에 이룩한 선교의 성과를 질투한 이교의 제사장들이었습니다. 그들이 다대오 시몬을 살해할 때 다대오는 곤봉으로 시몬은 톱으로 죽였다고 합니다. 이로 인해 많은 예술작품 속에서 다대오는 몽둥이를 들고 있는 모습으로, 시몬은 톱과 더불어 자주 묘사됩니다. 명단 마지막에 나란히 자리한 다대오와 시몬은 이처럼 교회의 전설이 짝지어준 친구가 되었습니다.

아무라도 좋은 사람

다대오는 거의 존재감이 없었던 예수님의 제자였습니다. 그에 대한 신약성경의 기록도 거의 없습니다. 열두 제자라는 영광된 자리를 차지하고 훗날 주님의 사도라고까지 불렸지만 다대오는 사람들이 기억하기조차 힘든 제자였습니다. 그의 이름에 관한 혼란스런 정보들은 그의 중요성을 더욱 떨어뜨려 놓는 것처럼 보입니다. 세 가지나 되는 이름이라니, 아무 이름이나 상관없는 사람이라는 것처럼 느껴지기도 합니다.

어쩌면 다대오는 정말 아무라도 좋은 사람이었을지도 모르겠습니다. 다대오든 유다든 레배오든 그 어떤 이름이든 그에게 갖다 붙여도 될 만한 사람, 다대오는 그런 사람이었습니다. 하지만 그런 다대오가 예수님

생전의 열두 제자였다는 사실과 훗날 주님의 부활과 승천 이후 교회의 기둥인 사도였다는 사실은 우리에게 적잖은 위로를 줍니다. 어쩌면 우리도 다대오처럼 반드시 그여야 하는 어떤 사람이 아닌, 누구라도 상관없는 사람, 누구여도 괜찮은 사람, 아무라도 좋은 그런 사람일 테니 말입니다. 그런 사람도 주님의 거룩한 사도가 될 수 있다는 것을 다대오는 명단 속 자신의 자리에서 우리에게 웅변해주는지도 모릅니다. 그저 주님과 평생 함께 있다면 진정한 주님의 제자가 될 수 있다고 말없이 말하는 귀중한 제자인지도 모릅니다.

PART 9

알패오의 아들
야고보

알패오의 아들
그의 정체에 관한
보고

시기: 예수 죽음 직후
내용: 예수잔당 세력에 대한 조사 결과 보고

"그래, 이 알패오의 아들 야고보가 대체 누군지 조사해온 내용을 보고해 봐. 이 인물이야말로 가장 베일에 싸인 인물이거든."

"이게 참 힘들었습니다. 그에 대해 아는 자가 이상하리만치 거의 없었거든요. 예수잔당의 측근들에게서조차 그에 관한 정보를 얻기가 힘들었습니다. 실제로 측근들도 잘 모르는 것 같았습니다."

"그게 말이 되나? 그런 밀교집단 같은 곳에서라면 가장 비밀스러운 인물이 가장 위험할 수도 있는 법이야. 일단 수집한 정보들에서 얻은 결과를 요약해서 말해줘."

"일단 예수의 측근 12제자들 중에는 야고보라는 이름을 가진 자가 둘 있습니다. 하나는 형제 제자 중 하나로 그에 관한 정보는 꽤 있습니다. 이 야고보는 예수의 제자 요한과 형제지간이며 세베대의 아들이라고 불립니다. 이 자와는 동명이인이며 알패오의 아들이라고 불리는 야고보가 바로 정체를 파악하기 어려운 우리의 조사대상입니다. 야고보란 이름이 워낙 흔한 이름인지라 이 이름은 예수 주변에서 꽤 자주 등장합니다. 우선 예루살렘에서 세력을 키워가고 있는 예수잔당 이단종파의 중심인물이 야고보인데, 많은 사람들이 이 야고보가 바로 그일 것이라고 추측하고 있습니다. 이 지도자 야고보를 사람들은 '주의 형제(갈

1:19)'라고 한답니다."

"뭐라고? 그럼 야고보란 이름의 제자가 바로 그 야고보라면 그는 예수의 형제였단 말인가? 그렇다면 동생 제자? 아니지, 그러면 알패오의 아들이라고 불릴 수 없지. 조사에 의하면 예수의 아버지는 뭔가 다른 이름이었던 것 같은데?"

"그래서 이 '주의 형제'를 별명으로 보는 사람들이 많습니다. 지도자 야고보와 예수가 친형제는 아니라는 것이죠. 실제로 예수의 형제들 중에 야고보란 이름을 가진 자가 있긴 하지만(막 6:3) 제자 야고보와 지도자 야고보를 동일인물로 보는 사람들 대부분은 이 야고보가 예수의 친형제여서가 아니라 예수와 생김새가 닮아서 그런 별명을 얻었다고 알고 있습니다. 말 그대로 별명이라는 것이죠. 예수를 배신해서 우리에게 넘겨준 유다가 굳이 암호를 짜서 예수에게 직접 입맞춤을 한 것도 두 사람을 혼동할까 봐 그랬다는 말도 있습니다."

"흠, 그렇다면 불행 중 다행이군. 친형제였다면 곤란한 문제들이 더 많았을 테니까. 그런데 '우선'이라고 했던가? 그 말은 다른 설도 있다는 말인가?"

"네, 그렇습니다. 몇몇은 친형제는 아니지만 매우 가까운 친족관계일 거라고 말하는 사람들도 있습니다."

"그건 좀 문제가 될 소지가 있군. 혈연이라면 어떤 의미로든 후계자로서의 정통성을 주장할 근거는 되니까. 둘이 친족관계라는 근거는 뭔가?"

"예수가 처형되었을 때 십자가 주위에 몇몇 여인들이 함께 있었다는 말은 들으셨죠?"

"그래, 그 잘난 제자놈들은 다 뿔뿔이 도망가고 용감한 여인들 몇 명만 처형 현장에 남아 있었다는 얘긴 들었네. 그렇게 도망간 놈들이 무슨 꿍꿍이로 다시 모여 이 사단을 내는지…… 어쨌든, 계속해보게."

"그 여인들 중 하나가 야고보의 어머니로 알려진 모양입니다(마 27:56; 막 15:40). 그런데 어떤 이들은 그 여자가 예수의 이모라고도 하더 군요(요 19:25). 이 여인과 예수의 모친이 친자매든 이복자매든 어쨌든 그렇게 되면 이 야고보란 자와 예수는 친형제는 아니더라도 매우 가까운 친족은 되는 셈이지요."

"그래, 그리고 바로 이 자가 지금 예루살렘에서 이 단종파를 부흥시키고 있는 야고보라면 뭔가 말이 되는군. 친형제는 아니더라도 가까운 친족이라면 예수가 누렸던 지위와 권위를 자연스럽게 이어받을 수 있었겠지. 그리고 그에 대한 말도 안 되는 참람한 거짓 믿음을 퍼뜨리고 다니면서 예수에 홀린 놈들에게서 뭔가 이득을 얻을 수도 있을 테고 말이야. 예수 생전에 예수에게 돈을 대던 사람들은 여전히 그에게 돈을 댈 거고. 신의 이름을 빙자한 더러운 가족 사업이야!"

"네, 그럴 수도 있겠죠. 그런데 문제는 이 모든 설이 말 그대로 모두 가설에 불과하다는 것입니다. 유감스럽게도 알패오의 아들 야고보의 정체를 특정할 만한 확실한 증거는 없습니다. 오히려 방금 말씀하신 것과 달리 지금 문제가 되는 이단의 지도자 야고보가 '주의 형제'로 불리긴 하지만 예수의 친형제나 친족일 리 없다는 정황상의 증거는 많습니다. 예수가 생전에 부모와 형제자매를 포함한 친족들과 관계가 매우 좋지 않았다는 건 잘 알려진 사실이거든요. 예수의 친족들은 그가 미쳤다고 생각했답니다(막 3:21). 그래서 식구들이 단체로 그를 잡으러 오기도 했었는데 군중들이 다 듣는 데서 예수가 자기 어머니와 형제들에게 '누가 내 어머니고 형제냐?'며 공개적으로 면박을 주었답니다(막 3:33). 이 얘기는 아주 많은 사람들이 생생하게 기억하고 있었습니다. 심지어 제자가 될 사람들에게 자신을 따르려면 부모와 자식 간의 인연쯤은 과감하게 끊어야 한다는 식으로도 가르쳤다는군요. 부친의 장사를 지내고 따르겠다는 사람을 매몰차게 나무랐다는 얘기도 있습니다. 생전에 친족들과 선을 그으며 지낸 것으로 유명한 이상 그의 친형제라고 해서 사람들이 맹목적으로 따를 리는 없습니다. 단순히 얼굴이 닮은 사람이어서 '주의 형제'로 불렸다는 가설이 더 설득력이 있을지도 모릅니다."

"그건 그럴 수도 있겠군. 그런데 자네 역시 예수의 형제라는 자가 알패오의 아들이라고 불리는 야고보일 것이라는 확신은 없다는 말이지?"

"네, 그렇습니다. 오히려 그럴 리가 없을 거라는 생각이 강합니다. 정말 주의 형제라는 야고보가 우리의 조사대상인 예수의 제자와 동일인물이라면 굳이 사실을 숨길 필요도 없을 것이고 사람들이 몰라볼 수도 없을 테니까요. 또 실제로 그랬다면 아무리 비밀스럽게 모인다고 해도 우리가 심어놓은 사람 몇 명만 거치면 그 정도 정보쯤 뽑아내는 것은 아무런 문제도 안 되었을 겁니다. 다른 건 모르겠지만 둘을 동일인물로 보는 건 무리가 많습니다."

"그래, 어쨌든 결론적으로 말하자면 여전히 우리는 알패오의 아들 야고보라는 자에 대해서 아는 것이 없다는 말이군."

"죄송합니다. 계속해서 알아보겠습니다."

"긴급히 진행하도록 하게. 지금이 매우 민감하고 위험한 시기라는 점을 잊지 마. 예수만 죽으면 모든 게 끝날 거라고 생각했었는데 모든 게 예측과 다르게 돌아가고 있어. 예수에 대한 기괴한 소문은 이미 지나치게 많이 퍼져 있네. 이대로라면 곧 심각한 위협이 될지도 몰라. 예수 때문에 우리 민족이 또다시 위험에 빠지는 꼴을 두고 볼 수는 없어. 그러니 그의 잔당들을 소탕하는 일은 신속하고 철저하게 진행되어야 할 거야. 특별히 사소한 점들을 놓치지 말게. 이 정체 모를 제자를 꼭 찾아내도록 해. 정체를 모르면 미행을 붙일 수도 최악의 경우 없애버릴 수도 없을 테니까 말이야. 나는 왠지 이 자가 제일 마음에 걸려. 하나님만이 그의 행적을 아는 자가 이 세상에서는 가장 위험한 자니까."

존재감의
극단을 오가다

성경 속 알패오의 아들 야고보 다시 보기

야고보는 구약에 등장하는 야곱의 그리스식 표기입니다. 이 야곱이라는 이름은 이스라엘 사람들에게 워낙 유명하고 인기가 있어서 야고보라는 이름 역시 신약성경에 매우 자주 등장합니다. 심지어 예수님의 제자 중에서도 야고보라는 이름을 가진 두 사람의 동명이인이 있을 정도입니다. 워낙 이름의 종류가 다양하지 못하므로 야고보 이외에도 성경 속의 동명이인은 넘쳐납니다. 예를 들어 시몬 역시 야고보만큼이나 흔한 이름이기에 예수님 제자 중에는 시몬도 두 명이 있습니다. 누가복음에 따르자면 유다라는 이름의 제자도 두 명이 있는 셈이지요. 그러니 예수님의 제자 중에 야고보가 두 명이라고 해서 그리 놀랄 일은 아닙니다.

수많은 야고보들

예수님의 제자인 두 명의 야고보 중 첫째는 세베대의 아들이자 요한의 형제인 야고보였고 둘째는 '알패오의 아들'이라는 설명이 붙은 야고보였습니다. 이 중 세베대의 아들 야고보는 열두 제자들 중에서도 베드로, 요한과 함께 특별한 애제자에 속하는 인물이고, 형제인 요한과 함께 자주 복음서에 등장하는 중요한 제자입니다. 하지만 알패오의 아들로 지칭된 두 번째 야고보는 신약성경에서 명단 이외에 그 어느 곳에서도 발견되지 않습니다. 명단에서조차 끝부분에 가서야 겨우 언급되는 정도입니다. 이 같은 두 사람의 영향력 차이에 따라 교회에서는 요한의 형제는 대(大)야고보, 알패오의 아들은 소(小)야고보로 부르기도 합니다.

성경에서 한 번 본 똑같은 이름을 성경 다른 곳에서도 발견할 때, 우리는 무의식적으로 같은 사람이라고 전제하는 경향이 있습니다. 자연스러운 성향이긴 하지만 제한된 이름을 돌려쓰다시피 하는 고대의 이름 상황으로 볼 때는 그다지 적절하지 않은 습관입니다. 다른 맥락에서 발견된 같은 이름은 논리적으로 같은 사람일 가능성보다 다른 사람일 가능성이 오히려 더 크다고 볼 수 있습니다. 하지만 사람이 어디 그렇게 논리적이던가요? 성경에서 같은 이름을 만나며 다른 사람일 것이라는 의심보다는 반가움이 앞서 이전에 보았던 그 사람이라고 생각하곤 합니다. 더구나 그 이름이 중요하고도 아름다운 맥락에서 다시 등장한다면 어떤 희망과 기대로 자연스럽게 동명(同名)의 두 사람을 이인(異人)이라기보다는 동일인(同一人)으로 여기는 경향이 있습니다. 확률적으로 드물지만 실제로 이런 성향이 올바른 해석의 방향을 가리키는 경우도 있습니다. 예수님의 십자가를 대신 지고 골고다 언덕을 향해 걸어갔던 구레네 사람 시몬의 예가 그것입니다.

특별하게도 마가복음은 시몬의 이름을 출신과 함께 밝히면서 그가 '알렉산더와 루포의 아버지(막 15:21)'였다는 정보까지 자세하게 적어 넣습니다. 복음서 이야기에 등장하는 보조 캐릭터들이 매우 드물게 이름이 언급된다는 사실을 생각해보면 이렇게까지 자세하게 당사자의 출신과 이름, 나아가 자녀들의 이름까지 밝힌 사실은 특별하게 여겨질 수밖에 없습니다. 알렉산더와 루포의 이름이 마가복음에 더 이상 등장하지 않고 내 러티브에도 전혀 영향을 미치지 않는다는 사실을 고려해볼 때, 정체성과 관련된 이런 식의 자세한 정보 제공의 이유에 대해서는 한 가지 추측만이 가능합니다. 그것은 복음서가 기록될 당시의 독자들에게 이 사람들이 매우 유명하고도 친숙한 사람이었을 것이라는 가정입니다.

우리는 우연히 주님의 십자가를 지게 되었던 시몬이 나중에 예수님을 믿게 되고 교회에서 중요한 역할을 했던 사람이었다고 추측해볼 수 있습니다. 그의 아들들인 알렉산더와 루포 역시 신앙 안에서 자라고 교회 안에서 중요한 역할을 담당했을 것입니다. 그러니까 '알렉산더와 루포의 아버지'라는 소개를 읽는 독자는 이렇게 생각했을 것입니다. "아, 이 사람이 바로 우리가 알고 있는 알렉산더와 루포의 아버지셨구나." 유월절을 지키기 위해 예루살렘으로 순례를 갔던 디아스포라 유대인이 우연히 예수님의 십자가를 대신 지게 되고, 이를 계기로 예수님을 알게 되고 믿게 되었으며, 나아가 자신뿐 아니라 온 가정이 예수님을 믿게 되고 교회의 기둥이 되었다는 상상은 실로 아름다운 상상이 아닐 수 없습니다.

그런데 이런 아름다운 상상이 가능한 것은 놀랍게도 구레네 사람 시몬의 아들 이름과 똑같은 이름이 로마서에 한 차례 더 언급되기 때문입니다. 로마로 보내는 편지의 마지막에서 지인들에게 차례대로 문안 인사를 전하며 바울은 다음과 같이 낯익은 이름을 언급합니다. "주님 안에서 택하심을 받은 루포와 그의 어머니에게 문안하여 주십시오. 그의 어머니는 곧 내 어머니이기도 합니다(롬 16:13, 새번역)." 교회에 널리 알려진 루포라는 인물이 어쩌면 구레네 사람 시몬의 아들일지도 모를 일입니다. 이러한 가정이 제법 가능성이 있는 것은 루포(Rufus)라는 이름이 '붉은 머리'를 뜻하는 라틴어 이름이라는 사실에도 기인합니다. 흔한 유대인의 이름이 아닌 것입니다.

하지만 이와 비교할 때 야고보는 그 사정이 전혀 다릅니다. 성경에 등장하는 수많은 야곱 또는 야고보는 그 정체를 단정하기 매우 어렵습니다. 다대오 또는 야고보의 아들 유다가 워낙 성경에 드물게 언급되어 그 정체를 정확히 파악할 수 없는 제자라면, 알패오의 아들 야고보는 그 이름이 워낙 많이 언급되어 정체를 정확히 파악할 수 없는 제자인 셈입니다. 교회의 역사 속에서 대체로 사람들은 알패오의 아들 야고보를 신약성경의 중요한 세 야고보와 연결시키곤 했습니다. 그 야고보들은 예루살렘 교회의 지도자였으며 '주님의 형제'라고 불렸던 야고보, 예수님의 친척이었던 야고보, 마지막으로 야고보서의 저자로 알려진 야고보입니다.

첫 번째 동일인물 가능성: 주의 형제 야고보

제일 먼저 사람들은 알패오의 아들 야고보를 예루살렘 교회의 '기둥(갈 2:9)'이라고 불렸으며 더 나아가 '주님의 형제(갈 1:19)'라고도 불렸던 야고보와 동일시했습니다. 이 예루살렘 교회의 지도자 야고보는 이방인들을 그리스도인으로 받아들일 것인가에 관한 가장 중요한 교회의 회의를 보도한 사도행전 15장에서 모든 논의 끝에 최종 결정을 하는 중요한 인물로 등장합니다(행 15:12~21). 이 야고보에 대해서는 베드로에 관한 이야기에서 이미 자세하게 언급한 적이 있습니다. 그때의 이야기를 다시 정리해보자면 그의 이름에 붙은 '주님의 형제'는 친동생을 가리키는 설명일 수도 있고 단순한 별명일 수도 있습니다. 어느 경우이든 그는 예수님과 외견상 매우 닮았을 것으로 추측됩니다.

먼저 친동생을 가리키는 경우에 대해 생각해보자면, 복음서는 예수님의 친형제들 이름으로 야고보, 요셉, 시몬, 유다 등의 이름을 언급합니다(마 13:55; 막 6:3). '주님의 형제'를 친형제를 의미하는 것으로 보는 사람들은 이곳에 언급된 야고보를 '주님의 형제' 야고보와 일치시킵니다. 비록 복음서의 이야기 속에서는 형제들이 예수님을 믿지 않았던 것으로 묘사되지만 사도행전은 친형제들이 예수님의 부활 이후 예수님을 믿게 된 것으로 암시하기도 합니다(행 1:14). 그렇다면 '주님의 형제'는 직접적인 가족관계의 묘사가 되고 이때 교회의 지도자 야고보는 예수님의 친동생이 됩니다. 만일 그렇다면 주의 형제 야고보는 당연히 알패오의 아들 야고보일 리가 없습니다.

하지만 '주님의 형제'를 별명으로 보는 사람들도 많습니다. 그런 사람들은 이 별명이 예수님과 생김새가 매우 닮았기에 붙었을 것이라고 생각합니다. 그리고 바로 이렇게 생각하는 사람들이 '주님의 형제' 야고보를 예수님의 열두 제자 중 하나였던 알패오의 아들 야고보와 동일시합니다. 즉 알패오의 아들 야고보는 예수님과 생김새가 매우 닮은 제자였다는 것입니다. 이런 착안은 겟세마네 동산에서 예수님을 체포할 당시 유다가 입맞춤으로 예수님을 분명하게 알려줘야 했다는 사실과 연결되어 설명되기도 합니다. 두 사람이 비슷하게 생겼기에 착오를 막기 위해 유다가 입맞춤으로 진짜 예수님을 알려주어야만 했다는 것입니다.

하지만 예수님의 제자 야고보가 교회의 최고지도자였던 야고보일 가능성은 그리 높아 보이지 않습니다. 사도들 가운데 한 명이 교회의 책임을 맡아 예루살렘에 머물지는 않았을 것이기 때문입니다. 사도(apostle)란 헬라어 원어 ἀπόστολος아포스톨로스라는 말 뜻 그대로 '보내심을 받은 자'를 뜻합니다. 그 명칭답게 당연히 사도들은 선교에 집중했을 것이고, 예루살렘에 거점을 둔 교회를 지키고 관장하는 것은 열두 사도를 포함한 교회의 지도자들 모두가 신뢰할 만한 다른 사람이 맡았을 것입니다. 더 나아가 만일 '주님의 형제' 야고보가 예수님의 제자인 알패오의 아들 야고보였다면 예수님의 제자 중 하나가 예루살렘 교회를 맡고 있었다는 사실을 신약성경이 그렇게 소홀히 다루었을 리가 없습니다. 분명히 어느 곳에서라도, 복음서든 바울의 편지든, 우리에게는 그 정보가 분명하게 전달되었을 것이 틀림없습니다. 이런 이유들로 인하여 '주님의 형제' 야고보는 열두 제자에 포함되지 않았던 인물일 가능성이 더 큽니다. 그가 누구이든 적어도 알패오의 아들 야고보일 가능성은 매우 낮아 보입니다.

두 번째 동일인물 가능성: 예수님의 친척 야고보

예수께서 십자가에 달려 돌아가셨을 때 십자가 근처에 여인들이 있었습니다. 남성 제자들은 다 도망갔지만 이 여인들은 끝까지 주님의 최후를 지켰습니다. 요한복음은 이 여인들이 십자가 곁에 있었다고 보도하지만(요 19:25), 공관복음서들은 멀리서 지켜보았다고 전합니다. 비록 멀리는 있었지만 그들은 분명 예수님의 최후를 지켜본 사람들입니다. 요한복음과 공관복음서 중 마가복음과 마태복음은 이 여인들의 이름을 밝힙니다. 마가는 막달라 마리아, '작은 야고보'와 요세의 어머니 마리아, 살로메를 언급하며(막 15:40), 마태는 막달라 마리아, '야고보'와 요셉의 어머니 마리아, 세베대의 아들들의 어머니를 언급하고(마 27:56), 요한복음은 예수님의 어머니, 예수님 어머니의 자매, 글로바의 아내 마리아, 막달라 마리아를 언급합니다(요 19:25).

이름이 다소 차이를 보여 복잡해보이지만 우리의 관심인 야고보의 이름이 바로 여기에 등장합니다. 심지어 그는 '작은 야고보'라고 불리기도 합니다. 공관복음서와 요한복음의 차이점을 진지하게 고찰하기보다 두 명단의 사람들을 무조건 일치시키려는 사람들의 의도는 이내 야고보와 요셉의 어머니 마리아를 요한복음의 예수님 어머니의 자매, 즉 이모와 연결시켰습니다. 만일 이 야고보가 알패오의 아들 야고보라면, 그리고 그의 어머니로 언급된 마리아가 요한복음에 등장한 예수님 어머니의 자매라면, 이 야고보는 예수님과 비교적 가까운 친척이 됩니다. 성경에서 형제나 자매가 반드시 친형제자매를 가리키는 것이 아니라 가까운 친족도 포함시킨다는 점을 고려해도 알패오의 아들 야고보는 예수님과 가까운 친척 관계에 있는 제자가 됩니다. 그렇게 사람들은 이곳의 야고보를 또 '주님의 형제'와 연결시킵니다. 성경에서 형제가 반드시 친형제를 의미하는 것은 아니니까요.

하지만 현대인인 우리로서는 이런 식의 연결이 다소 억지스럽다는 생각을 피할 길이 없습니다. 알패오의 아들 야고보의 형제가 있기는 한 것인지, 있다면 그의 이름이 요셉 또는 요세인지도 불분명하고, 요한복음의 특별한 성격 때문에 공관복음서과 연결시켜 역사적 진정성을 담보하기도 어렵기 때문입니다. 당장 요한복음에 등장하는 예수님의 어머니를 공관복음서는 전혀 전하지 않고 있습니다. 이런 이유들로 인해 알패오의 아들 야고보가 예수님과 친척 관계일 것이라는 가설은 그 어떤 근거로도 지탱하기 어렵습니다.

세 번째 동일인물 가능성: 야고보서의 저자 야고보

마지막으로 어떤 사람들은 알패오의 아들 야고보를 신약성경 야고보서의 저자로 보기도 했습니다. 이쯤 되면 정말 이름만 같으면 다 동일인물로 시도해보는구나 하는 생각이 들 정도입니다. 알패오의 아들 야고보, 세베대의 아들이요 요한의 형제인 야고보, 예수님의 동생 야고보, '주님의 형제' 야고보, 십자가에서 이름이 언급된 야고보, 이들 중 아무나 다 야고보서의 저자로 부른다 할지라도 이상하지 않을 정도입니다.

우리의 주제는 아니지만 현재 학자들은 '하나님과 주 예수 그리스도의 종(약 1:1)'이라고 스스로를 소개한 야고보서의 저자를 후대의 경건한 유대인 그리스도인이 예수님의 형제 야고보의 이름을 빌려 쓴 성경이라고 봅니다.

번외편: 기도의 야고보

정작 예수님의 이야기에서는 거의 등장하지 않았지만 이후 교회에서 그의 정체와 관련하여 수많은 가설과 이야기들이 넘쳐나게 된 제자가 바로 오늘의 주인공 알패오의 아들 야고보입니다. 이것은 교회가 예수님의 제자들, 특별히 열둘이라고 불리는 제자들에게 얼마나 큰 관심을 지니고 있었는지를 잘 보여주는 증거이기도 합니다. 이후에 교회가 열두 제자에 대한 수많은 전설을 탄생시킨 것도 모두 그리스도 예수와 복음에 대한 열정과 애정 때문이었음은 의심할 여지가 없습니다.

그런데 유감스럽게도 알패오의 아들 야고보에 대한 전설은 그다지 많이 전해지지 않습니다. 중요한 이유 중 하나는 많은 사람이 알패오의 아들 야고보를 다른 중요한 야고보들과 동일인물로 취급했기 때문이었습니다. 그리하여 우리에게 남아 있는 순교의 이야기는 주님의 형제 야고보의 순교 이야기밖에 없습니다. 그가 알패오의 아들 야고보가 아닐 가능성이 더 크다는 이야기는 이미 많이 했으니, 여기서는 그냥 참고삼아 그와는 다른 사람이지만 주의 형제 야고보의 순교 이야기를 소개해볼까 합니다. 일단 어떤 식으로든 두 사람을 동일인물로 생각했던 사람들도 있었으니까요.

2세기 그리스도교 저술가 헤게시푸스(Hegesippus)는 주님의 형제 야고보에 대한 순교 이야기를 전해줍니다. 역사적 신빙성을 기대하기 어려운 것은 당연하지만 그럼에도 그의 이야기는 주님의 형제 야고보에 대한 흥미로운 정보들을 전해줍니다. 일단 그는 당대의 다른 사람들이 그랬던 것처럼 주님의 형제 야고보를 예수님의 친동생으로 간주한 것으로 보입니다. 헤게시푸스는 먼저 주님의 형제 야고보의 또 다른 별명을 소개합니다. 야고보는 '의인'이라는 별명도 지니고 있었다고 합니다. 그는 술도 마시지 않고 육식도 하지 않았다고 합니다. 면도도 목욕도 하지 않았다고 하지요. 그러나 무엇보다 헤게시푸스는 야고보의 가장 중요한 특징으로 그를 기도의 사람으로 소개합니다. 그는 야고보가 습관적으로 홀로 성전에 들어가 무릎을 꿇고 백성들을 위해 용서를 간구했다고 전합니다. 무릎을 꿇고 기도하는 모습이 우리에게는 낯익은 모습이지만 유대인들에게는 꼭 그렇지만은 않았을 것입니다. 누가복음에서 읽은 성전에서 기도하는 세리와 바리새인의 이야기에서도 우리는 두 사람이 성전에서 분명히 '서서' 기도하였다는 사실을 읽게 되니까요(눅 18:10~14). 어쩌면 그래서인지 헤게시푸스는 그가 무릎을 꿇고 기도했다는 사실을 강조하고, 더 나아가 그 습관으로 말미암아 그의 무릎이 마치 낙타의 발처럼 딱딱해졌다는 사실을 알려줍니다. 말하자면 주의 형제 야고보는 무릎 기도의 사람이었던 셈입니다. 그의 최후에 관해서는 성전 꼭대기에서 예수께서 메시아임을 증거하다가 바리새인들에게 밀쳐져 성전에서 떨어졌다고 합니다. 헤게시푸스에 따르면 떨어진 그를 바리새인들이 돌로 치고, 마침내 몽둥이로 생명을 앗아갑니다. 여기까지가 헤게시푸스가 전하는 주님의 형제 야고보의 순교 이야기입니다.

　　　　유명한 사람과 동명이인이어서 전설 면에서도 소외된 것 같은 존재감의 제자라니, 알패오의 아들 야고보는 뭔가 처량하기도 하고 아련하기도 한 제자처럼 보입니다. 가장 유명한 야고보와 가장 알려지지 않은 야고보 사이에서 그는 제 자리를 찾기 힘들었습니다. 바돌로매처럼 단순히 존재감만 없었던 것이 아니라, 존재감이 충만한 동명이인에 가려져 있었기에 그의 처지는 바돌로매보다 더 좋지 않았다고도 말할 수 있겠습니다. 많은 사람들이 생각 없이 분류하고 고민 없이 다른 정체성을 부여했던 야

우리는 여전히 알패오의 아들 야고보에 대해
아는 것이 없습니다.

고보, 어쩌면 그렇게 알패오의 아들 야고보는 다른 사람들에게 가려진 모든 사람을 대표하고 위로하는 제자인지도 모르겠습니다.

PART 10
열심당원
시몬

열심당원 시몬의 인터뷰

무장투쟁과 예수 운동 사이

(문) 시몬님, 당신은 예수의 제자 중 유일한 열심당원으로 알려져 있는데요, 짧게 본인 소개를 해주실 수 있을까요?

(답) 네, 말씀하신 것처럼 저는 열심당원이 맞습니다. 당신도 잘 알다시피 열심당은 폭력적인 수단도 불사하면서 하나님의 통치를 이 땅에 앞당기려 했던 유대교의 한 분파입니다. 주요 활동으로는 대로마 무장투쟁과 이스라엘 내부의 친로마 부역세력 척결을 들 수 있지요. 저는 바로 그 열심당의 일원이었습니다. 제자들 중 저 말고도 비밀스럽게 이 운동에 가담해 있거나 동조하는 사람이 있었지만 명시적으로 드러냈던 사람은 저 하나였습니다. 저 말고도 시몬이라는 이름의 제자가 또 있어서 우리 가운데서 저는 늘 열심당원 시몬이라고 불렸죠.

(문) 그럼 예수는 당신이 열심당원이라는 사실을 알고 당신을 제자로 받으셨던 건가요?

(답) 물론입니다. 스승님은 말 그대로 모든 사람을 제자로 받아들이셨습니다. 선뜻 이해하기 어려운 포용력이었죠. 친로마 부역자의 대표자격인 세리 마태도 제자인 건 아시죠? 사실 예수의 제자로 들어와 처음 그 사실을 알게 되었을 땐 숨이 멎는 줄 알았습니다. 이런

쓰레기까지 받아들이는 사람인가 싶어 짧게 결심을 돌이킬까도 생각했죠. 심지어 잠자고 있는 마태의 목에 칼을 그을까 고민했던 적도 몇 차례 있었습니다. 아, 물론 스승님의 가르침과 사랑을 온전히 받아들이기 전 일입니다. 결국 주님은 저와 마태 모두를 변화시키시고 우리 둘을 형제로 만드셨습니다. 가장 적대적인 두 인간이 형제가 되다니, 이것이야말로 기적이 아니고 뭐겠습니까.

(문) 그러니까 예수께로 가게 되었을 때 열심당을 탈퇴하고 그렇게 한 건 아니었군요.

(답) 네, 저는 열심당원인 채로 예수에게로 갔습니다.

(문) 그렇다면 굳이 열심당 활동을 잠시 접어두고 예수 운동에 참여한 이유는 무엇이었죠? 당시 예수 운동은 열심당의 운동과는 전혀 방향이 달랐던 것으로 알고 있는데요.

(답) 처음엔 호기심이었습니다. 우리 열심당은 정말 치열하게 투쟁을 전개했습니다. 그렇지만 추종자들을 얻기란 그리 쉽지 않았죠. 그런데 스승님에게는 빠르게 추종자들이 늘고 있었습니다. 단순하기 그지없어 보이는 설교와 치유가 많은 사람들의 마음을 빠른 속도로 사로잡고 있다니 놀라울 따름이었습니다. 그러다가 점차 이분이 메시아일지도 모른다는 생각이 들었습니다. 이 점에 대해서 우리 당은 저와는 달리 매우 회의적이었습니다. 심지어 예수의 메시지가 어처구니없게도 원수에 대한 사랑까지 설파하고 있다며 저항에 대한 의지를 약화시키는 독소라고까지 생각했습니다. 하지만 전 그분에게 뭔가 다른 것이 있다는 것을 느꼈습니다. 알 수 없

는 미지의 깊이랄까, 단순한 말을 넘어서는 신비랄까, 아무튼 더 자세히 알아봐야겠다고 생각했죠. 어쩌면 이제껏 실패해왔던 희망을 이 사람에게서 발견할 수도 있겠다 싶었습니다. 그래서 그의 제자가 되기로 결심했던 거였습니다. 그리고 어쩌면 이 신비하고도 천진난만한 스승님의 운동에 저 같이 거친 해결사가 필요할지도 모른다는 생각도 있었습니다. 경험한 바, 숭고한 이념과 정치를 위해서는 보이지 않는 곳에서 더러운 일을 처리해야 하는 사람이 반드시 필요하니까요.

(문) 그렇군요. 그렇게 시작했던 예수와의 인연이 결국은 그분의 제자를 넘어 사도직을 수행하기까지 발전되었던 것이군요. 그 이후 당신의 삶에 대해서는 대략 알고 있습니다. 여러 가지 설이 있지만 그중 하나에 따르면 결국 당신은 다른 제자인 다대오와 함께 페르시아에 가서 복음을 전하다가 순교를 당했다고 하더군요.

(답) 네. 저 역시 다른 형제들과 비슷한 운명을 겪었습니다. 예수에 대한 실망으로 인한 십자가 앞에서의 도망, 부활한 주님과의 대면, 성령체험, 전도, 그리고 순교. 마침내 우리는 모두 나를 따르라는 주님의 명령에 순종하는 삶을 살게 되었지요. 모든 것이 섭리요 은혜였습니다.

(문) 마지막으로 하나만 더 묻겠습니다. 개인적으로 제자 생활 중에서 가장 후회스러운 일을 하나 꼽으라면 무엇을 꼽으시겠습니까? 특별히 스승이신 예수님과의 관계에서요.

(답) 지금도 생각하면 얼굴이 화끈거리는 일이 하나 있습니다. 주님과

의 마지막 만찬 자리에서 주님은 당신께서 체포되신 올리브 산으로 떠나시기 직전 우리에게 말씀하셨습니다.

"이전에는 내가 돈주머니도 자루도 신발도 없이 여러분을 보냈습니다. 그래도 부족하지 않았지요? 하지만 지금은 돈주머니가 있는 사람은 가지고 가십시오. 자루도 그렇게 하고요. 그리고 칼이 없는 사람은 겉옷을 팔아서라도 칼을 사십시오. '그가 무법자들과 함께 헤아려졌다'는 말씀이 이루어지고 있으니까요(눅 22:35~37)."

여기서 마지막에 하신 말씀이 정말로 칼을 사라는 말일 리가 없지 않겠습니까? 하지만 그때는 메시아와 관련된 욕망에 눈이 가려 있을 때였으니 그런 게 보일 리가 없었지요. '칼을 사라', 그 말이 들리자마자 저는 당당하게 제가 늘 품에 지니고 다니던 칼을 내놓았습니다. 예전부터 써왔던 칼이었고 앞으로도 언제든 쓸 기회를 엿보고 있던 그 칼을요. 마침 우리 당의 비밀스런 동조자였던 다른 형제도 자기 칼을 내놓더군요. 우리는 의기양양하게 외쳤습니다. "주님, 보십시오! 여기 칼 두 자루가 있습니다!(눅 22:38)" 우리가 내놓은 칼 두 자루를 바라보시던 주님의 당혹스런 표정을 지금도 잊을 수가 없습니다. 허망하게 칼을 내려다보시던 주님이 뭐라고 하셨는지 아십니까? 주님께서 그러시더군요. "됐다……."[1] 죽음을 앞에 두시며 가장 괴로운 순간을 통과하고 계신 주님이었는데, 그 마지막 순간에 위로를 드리기는커녕 가장 큰 실망을 안겨드렸던 것입

---

1 개정역개판이 '족하다'라고 번역한 이 말의 뜻은 '두 자루면 충분하다, 두 자루면 넉넉하다'라는 의미가 아닐 것이다. 이 말은 영어 'That's enough'이 때때로 지니는 뉘앙스처럼 '됐다, 그만하자'라는 의미의 실망을 표현하는 말일 것이다.

니다. 바로 제가 말입니다.

물론 그 칼은 더 이상 지니고 있지 않습니다. 십자가 사건 이후 열심당도 떠났습니다. 그래도 '열심당원'이라는 별명만큼은 그대로 두었습니다. 그 말을 통해 나의 어리석었던 과거를 끊임없이 되새기기 위해서 말입니다. 다시 그 어리석음 안으로 들어가지 않기 위해서요. 그렇게 오랜 시간이 흘렀는데 이 얘기를 하는 지금도 여전히 얼굴이 화끈거리는군요. 그래도 그 덕분에 한 가지 작은 소원이 생겼습니다. 언젠가 주님을 다시 만나게 될 때, 주님으로부터 "됐다."라는 말을 다시 한 번 듣고 싶습니다. 물론 이번에는 "됐다, 그만 하자."라는 실망의 '됐다'가 아니라 "그래, 됐다! 충분하다!"라는 칭찬의 '됐다'로 말이죠.

조국의 투사에서
예수의 투사로

성경 속 열심당원 시몬 다시 보기

바돌로매에 대한 이야기에서도 언급했듯 예수님의 열두 제자 중 오직 명단에만 언급된 제자들이 세 명 있습니다. 바돌로매와 알패오의 아들 야고보, 그리고 오늘의 주인공 열심당원 시몬입니다. 그중에서도 시몬은 마태복음과 마가복음의 명단에서 가룟 유다를 제외하고는 끝부분을 차지하고 있습니다. 누가복음과 사도행전에서도 가룟 유다를 빼고는 끝에서 두 번째로 언급됩니다. 존재감이 없을 뿐 아니라 순서로도 마지막에 해당하는 제자인 셈입니다. 그런데 특이하게도 시몬은 모든 제자 가운데 유일하게 그의 소속집단으로 명시된 제자입니다. 수제자 시몬에게 주어진 '베드로'나 야고보와 요한에게 주어진 '보아너게' 같은 별명은 말 그대로 그들의 성격에 따라 부여된 별명입니다. 하지만 시몬을 소개하는 별칭은 이와는 전혀 다른 성격을 지니고 있습니다. 그는 무려 '열심당원'이라는 별칭을 지니고 있기 때문입니다.

희미하고 강한 존재감

모든 복음서가 열심당원의 다른 표현인 '가나나인(마 10:4; 막 3:18)', '셀롯(눅 6:15)', '셀롯인(행 1:13)' 등으로 시몬을 지칭하며 그가 열심당원이었음을 공공연히 밝히고 있습니다. 로마의 부역자들을 암살하는 동시에 조국의 독립을 위한 대로마 무력투쟁을 서슴지 않았던 열심당과 그 당원에 대해서는 가룟 유다 이야기에서 간략하게 설명한 적이 있습니다. 그때 예수님의 제자 중 상시로 칼을 지니고 다니던 두 사람에 대한 이야기(눅 22:38)를 소개하면서 어쩌면 그 두 사람 중 한 명이 열심당원 시몬이었을지도 모른다는 가정 또한 소개한 바 있습니다. 이런 점들을 종합해 볼 때 시몬은 비록 예수님의 이야기에서는 전혀 등장하지 않거나 아주 희미하게만 암시되었지만 그의 별칭만으로도 강한 존재감을 드러내는 제자라고 할 수 있습니다.

무려 열두 제자에 속하면서도 존재감이 미미한 시몬을 받아들이기 어려운 사람들은 어떻게든 그의 흔적을 성경이나 초대교회의 역사 안에서 발견해내려 애썼습니다. 이런 시도에 대한 가장 손쉽고 흔한 방법은 알패오의 아들 야고보의 예에서도 보았듯 성경이나 초대교회에 나타나는 그 어떤 '시몬'이라는 이름에 그를 일치시키는 방법이었습니다. 그렇게 사람들은 이 시몬을 예수님의 형제로 간주하기도 했고(마 13:55; 막 6:3), 초대교회의 역사 속에서 주의 형제 야고보의 뒤를 이어 예루살렘 교회를 이끌었던 예루살렘의 주교 시몬과 동일시하기도 했습니다. 특별히 후자와 관련하여 교회사가인 가이사랴의 유세비우스(Eusebius)는 예루살렘 교회의 지도자 시몬을 예수님의 십자가 곁에 있었던 '글로바의 아내 마리아(요 19:25)'의 아들이라고 소개했습니다. 요한복음의 '글로바의 아내 마리아'는 마태복음과 마가복음의 '야고보의 어머니 마리아(마 27:56; 막 15:40)'와 동일시되었기에, 졸지에 시몬은 야고보와도 형제가 되고 말았습니다. 알패오의 아들 야고보의 이야기에서도 보았듯 사람들은 이 마리아를 예수님의 이모와 연결시키기도 했으니, 그렇게 해서 사람들은 시몬을 예수님의 친척으로까지 만들기도 했습니다. 하지만 이 모든 순진하고 애틋한 노력들은 어떻게든 시몬을 중요한 사람으로 만들기 위한 가설 범벅의 가정들일 뿐입니다.

초대교회 역사와 관련하여 추측으로 난무한 가설적 시도들과는 조금 다르게 성경 안에서 열심당원이라는 그의 정체와 관련하여 시몬의 자리를 찾고자 한 시도도 있었습니다. 그것은 명시적으로 특정 제자의 이름이 거론되지는 않았지만 시몬이 했을 법한 행적이나 말을 찾아내어 그것에다 시몬의 이름을 붙이는 것이었습니다. 그런 시도가 발견한 곳이 바로 사도행전이었습니다.

사도행전의 처음 부분에는 예수님이 승천하시기 전 제자들이 예수께 질문을 던지는 장면이 묘사되어 있습니다. 그때 제자들은 예수님께 이렇게 묻습니다. "주님, 주님께서 이스라엘에게 나라를 되찾아 주실 때가 바로 지금입니까?(행 1:6, 새번역)" 제자들이 물었다고 기술되어 있지만 제자들 모두가 동시에 물어봤을 리는 없습니다. 아마도 어떤 한 제자가 대표로 물어봤을 것입니다. 그런데 이 질문의 내용을 살펴보자면 질문은 이스라엘 국가의 주권 회복이라는 민족주의적 소망을 담고 있습니다. 그리고 이 소망은 국가의 회복을 열망하던 열심당의 성격과도 잘 어울립니다. 그러기에 어떤 사람들은 이 질문을 한 제자가 열심당원 시몬이었을 것이라고 가정한 것입니다. 그럴 듯한 추측이기도 하고 뭔가 시몬의 체면을 살려 주는 것 같기도 하지만 사도행전의 보도가 이 질문을 던진 제자를 특정하지 않았으니 이 추측 역시 그저 추측일 따름입니다.

지저스 크라이스트 슈퍼스타

성경에는 거의 전무한 시몬에 대한 언급이 흥미롭게도 현대의 예술 작품에 등장한 예가 있습니다. 현대의 문학이나 영화, 예술작품 속에서는 지금도 예수님에 대한 서사나 모티프가 드물지 않게 차용되어 나타나는데, 이때 제자들도 함께 주목받는 경우가 있습니다. 예를 들어 특별히 현대에 와서는 유다가 지녔던 것으로 추측되는 정치적 입장 때문에 가룟 유다를 비중 있게 다루는 작품들이 많이 등장했습니다. 하지만 이와 같은 몇몇 특별한 제자들을 제외하고는 대부분의 차용들 속에서도 존재감 없는 제자들은 여전히 설 자리가 없었습니다.

그런데 이 와중에 특이하게도 열심당원 시몬에게 목소리를 선사한 작품이 등장했습니다. 시몬에게 목소리를 안겨준 사람은 다름 아닌 뮤지컬계의 거장 앤드루 로이드 웨버였습니다. 〈오페라의 유령〉, 〈캣츠〉, 〈에비타〉 등의 대히트 뮤지컬 작품을 만들어낸 앤드루 로이드 웨버는 1970년 작사가 팀 라이스와 함께 〈지저스 크라이스트 슈퍼스타〉를 만들었습니다. 엄밀하게 말하자면 록오페라 장르지만 일반적으로 뮤지컬로 불리는 〈지저스 크라이스트 슈퍼스타〉는 예수님의 최후 일주일 동안의 이야기를 담은 작품입니다. 이 유명한 히트 뮤지컬 속에 바로 열심당원 시몬이 등장하는 것입니다.

시몬은 예수님에 대한 군중들의 정치적 기대가 최고조에 이르는 예수님의 예루살렘 입성 장면에 등장합니다. 예수께 열광하며 환호를 보내는 군중들은 예수님을 사랑한다고 외치며 우리는 당신의 편이니 우리에게 구원을 보증하라고 외치고 있습니다. 이 군중들의 함성과 함께 노래하면서 열심당원 시몬은 예수께 다음과 같이 노래합니다.

그리스도여, 당신이 해냈다는 걸 확신하는 데 무엇이 더 필요한가요?
우리의 조국을 강탈하고 그토록 오랫동안 우리 민족을 공포에 떨게 한 로마의 쓰레기들만큼이나 당신이 강하다는 걸 확신하는 데 무엇이 더 필요한가요?
보십시오, 지금 오만 명이 넘는 사람들이 당신에 대한 사랑을, 더 나아가 그 이상을 외치고 있습니다.
오만 명 중 누구라도 당신이 원하는 일이라면 무엇이든 할 것입니다.
군중들이 계속해서 자신을 바치겠다고 외치도록 내버려두십시오.
하지만 거기에 로마에 대한 적개심을 살짝만 더하십시오.
그러면 당신은 더 위대한 힘 위로 올라서실 것입니다.
우리는 조국을 되찾게 될 것이고요.
당신은 권세와 영광을 얻으실 것입니다.
영원무궁토록, 아멘!

팀 라이스의 탁월한 가사는 열심당원 시몬의 '아멘'을, 즉 예수님 시대에 열심당원 제자로서 그가 지녔을 조국에 대한 신념과 열정을 지금의 우리가 잘 이해하고 상상할 수 있도록 도와줍니다. 그는 틀림없이 로마에 속국으로 지배당하며 고통을 겪고 있는 조국과 동포들을 위해 기꺼이 목숨까지 버릴 수 있었던 헌신적인 사람이었을 것입니다. 그러나 유감스럽게도 제자인 그의 신념은 스승의 믿음과는 달랐습니다. 어쩌면 너무나도 강렬한 그 신념 때문에 오히려 시몬은 스승의 뜻을 이해하지 못했을 것입니다.

신념과 열정으로 가득 차 노래하는 시몬에 대해 뮤지컬 속의 예수님은 슬픔을 담아 이렇게 대답하십니다. "아무도 이해하지 못하는구나. 너 시몬도, 오만 명의 군중도, 로마인들도, 유대인들도, 유다도, 열두 제자들도, 제사장들도, 서기관들도, 불운한 예루살렘도. 권세가 무엇인지, 영광이 무엇인지, 아무도 이해하지 못하는구나." 맹목적 신념에 가득 차 눈이 멀어버린 열심당원 시몬은 무력하게 고난당하는 메시아의 의미를 당시에는 결코 이해할 수 없었을 것입니다.

이스라엘 역사와 그리스도교 역사 속의 열심당

가룟 유다의 이야기에서 열심당과 그 당원들에 대해 짧게 설명하기는 했지만 사실 열심당에 대해서는 보다 자세한 설명이 필요합니다. 비록 성경에는 이 열심당과 열심당원이 전면에 드러나지 않은 것처럼 보이지만, 예수님이 사셨던 당시의 이스라엘 역사와 초기 그리스도교 역사 속에서 열심당의 영향은 무시할 수 없기 때문입니다.

이미 사도행전에서 바리새인 가말리엘은 사도들을 심문하는 공의회 자리에서 열심당의 기원이 되는 인물인 '갈릴리의 유다'를 언급합니다(행 5:37). 갈릴리의 유다는 6~7년 주민세를 걷기 위한 호적등록에 반대해 하나님만이 홀로 이스라엘의 왕이시라 주장하면서 납세거부와 민족독립운동을 일으켰던 인물이었습니다. 그러나 봉기는 실패했고 그 결과 갈릴리의 수도 세포리스에서 2,000명이 십자가에 달려 처형되었다고 역사가 요세푸스는 전하고 있습니다. 세포리스는 나사렛에서 불과 8km밖에 떨어지지 않은 곳이었고, 이 비극은 예수께서 태어나신 직후에 일어난 사건이었습니다. 성경에는 기록되어 있지 않지만 이 엄청난 사건을 예수께서 모르셨을 리 없습니다.

사도행전 이외에 복음서에도 시몬과 누가복음의 칼 이외에 열심당원들의 흔적을 발견할 수 있는 곳이 있습니다. 먼저 떠오르는 사람들은 바로 예수님과 함께 십자가에 매달려 처형당했던 두 명의 강도입니다. 누가가 '행악자(눅 23:33)', 즉 범죄자로 명시하고 요한은 그저 '두 사람(요 19:18)'이라고 보도하는 것과 달리 마태와 마가는 '강도(마 27:38; 막 15:27)'라고 이들의 정체를 밝힙니다. 일차적으로 강도는 '강도의 소굴(마 21:13)'에서처럼 민간인들을 약탈하는 범죄자들을 의미할 수도 있지만, 복음서에서 강도는 무장투쟁과 살인을 감행하던 열심당원을 가리키는 말이기도 합니다. 특별히 십자가형을 선고받고 처벌받는 강도들은 열심당원들일 가능성이 큽니다. 십자가처형은 특별히 로마제국에 위협과 위해를 가한 자들을 처벌하는 수단으로 일종의 효시(梟示)와도 같이 군중들에게 경계를 삼기 위한 목적의 형벌입니다. 로마제국에 저항하는 사람의 운명을 보여주기 위한 수단인 것입니다. 그런 의미에서 일명 '강도'들은 로마제국에 저항하여 투쟁하던 사람들이었을 것입니다. 예수님의 죄패에 적힌 죄목이 '유대인의 왕(마 27:37; 막 15:26)'이라는 사실 역시 예수께서 자신의 의도와는 전혀 다르게 정치적인 죄목으로 처형되셨다는 사실을 분명하게 보여줍니다.

이 두 사람에 더해 열심당원이 분명하며 우리 모두 그 이름을 알고 있는 한 사람을 언급하지 않을 수 없습니다. 바로 바라바입니다. 바라바에 대해 마가는 '민란을 꾸미고 그 민란 중에 살인하고 체포된 자(막 15:7)'라는 설명을, 누가는 '성중에서 일어난 민란과 살인으로 말미암아 옥에 갇힌 자(눅 23:19)'라는 설명을 덧붙여 적습니다. 이에 비해 요한은 간단하게 소개합니다. "바라바는 강도였더라(요 18:40)." 복음서 기자들의 말을 종합해볼 때 우리는 예수님과 함께 십자가에 처형당했던 '강도'가 의미하는 바와 바라바의 활동과 정체에 대해 분명하게 알 수 있습니다. 그는 민란을 일으키고 암살을 시도하는 민족 투사, 열심당원이었던 것입니다.

빌라도는 열심당원 바라바와 예수를 이스라엘 사람들 앞에 세우고 선택권을 줍니다. 그러자 군중들은 예수를 버리고 바라바를 선택합니다. 이 선택이 단순하게 선동에 의한 것일 리만은 없습니다. 유대인들은 자신을 구원해줄 메시아로 폭력을 거부하며 실패한 것처럼 보이는 메시아가 아니라, 힘으로 자신들을 구원해줄 가능성이 있는 메시아를 선택한 것입니다. 빌립의 이야기에서도 잠깐 언급한 적이 있듯이 흥미롭게도 마태복음의 필사본 중에는 바라바를 이름이 아니라 별명으로 지칭한 필사본이 있습니다. 그리고 그 필사본은 바라바의 이름을 예수라고 소개합니다. 성경의 각주에도 소개되어 있듯이 그 필사본에 따르자면 마태복음 27장 17절에 나타난 빌라도의 물음은 다음과 같습니다. "너희는 내가 누구를 너희에게 놓아 주기를 원하느냐? 바라바라 하는 예수냐 그리스도라 하는 예수냐?" 어떤 예수를 택할 것인가에 있어 이스라엘 백성들은 바라바와 같은 예수를 택한 것입니다.

실제로 예수의 처형 이후 이스라엘 역사에서는 '바라바 하는 예수'의 영향력이, 즉 열심당의 영향력이 점차 증대되었습니다. 로마가 황제를 신으로 선포하고 유대인들에 대한 박해를 강화함에 따라 저항의 강도 역시 높아졌기 때문입니다. 결국 이스라엘의 저항은 로마를 상대로 한 전쟁의 발발로 이어졌습니다. 이렇게 일어난 제1차 유대-로마전쟁 또는 유대독립전쟁(66~73)을 주도했던 이들이 바로 열심당원들이었습니다. 예수 그리스도의 처형 이후 불과 30여년 후에 일어난 대로마 전면전쟁은 예수님 시대의 정치적 상황과 열심당의 영향력 또한 충분히 미루어 짐작하게 해줍니다. 역사의 결정적 사건은 결코 한순간의 우연으로 일어나지 않기 때문입니다. 유대인들이 하나님의 이름으로 이교도와 대항하여 치른 전쟁의 결과는 참혹한 패배로 막을 내립니다.

AD 70년, 나중에 로마의 10대 황제가 된 티투스 장군은 예루살렘 성전을 완전히 파괴하고 성전의 기물들을 전리품으로 가져갑니다. 지금도 포로 로마노와 콜로세움 곁에 위치한 티투스 개선문 안쪽에는 바로 이때의 사건이 부조로 표현되어 있는데, 거기에는 성전에서 사용되던 일곱 가지를 지닌 촛대 메노라(Menorah)를 전리품으로 탈취하여 가는 모습이 선명하게 조각되어 있습니다. 예루살렘 성전을 파괴할 때 티투스는 성전의 벽 하나를 남겼는데 이것은 후대 사람들에게 로마에 대항한 민족의 최후를 전시하여 경고를 삼기 위한 것이었습니다. 이것이 바로 지금까지도 남아 있는 '통곡의 벽'입니다.

유대인들의 마음에 깊은 트라우마를 남겼을 이 충격적인 사건은

시몬은 평화와 사랑으로 무장한
예수의 투사가 되었습니다.

이미 복음서에도 반영되어 있습니다. 찬란한 성전을 바라보며 경탄해마지 않는 제자들을 향해 예수님은 다음과 같이 말씀하신 적이 있습니다. "돌 하나도 돌 위에 남지 않고 다 무너뜨려지리라(마 24:2; 막 13:2; 눅 21:6)." 이 말씀은 당연히 이때의 참상을 눈으로 목격한 사람들에게 회상을 불러일으키는 구절입니다. 특별히 누가복음은 예루살렘이 겪게 될 참상을 더욱 구체적으로 묘사합니다. "날이 이를지라. 네 원수들이 토둔을 쌓고 너를 둘러 사면으로 가두고 또 너와 및 그 가운데 있는 네 자식들을 땅에 메어치며 돌 하나도 돌 위에 남기지 아니하리니 이는 네가 보살핌 받는 날을 알지 못함을 인함이니라(눅 19:43~44)."

예수의 투사, 시몬

유대인들의 독립투쟁, 70년 티투스의 예루살렘 성전 파괴, 73년 마사다 요새의 함락으로 끝난 전쟁의 패배, 이 사건들은 복음서와 그리스도교 초기 역사에 깊게 드리운 역사적 배경이었습니다. 복음서들을 기록하기 시작한 시기도 이 시기와 일치합니다. 이런 역사적 상황 속에서 예수님의 제자들 중 열심당원이 있었다는 사실은 너무나도 자연스럽습니다.

조국의 투사 열심당원 시몬은 분명 스승 예수에게서 민족 독립의 커다란 희망을 보았을 것입니다. 그 역시 바라바와 같은 사람이었을 것이기 때문입니다. 그러나 희망은 스승의 처형과 함께 산산이 깨어집니다. 하지만 바라바와는 달리 시몬은 희망의 다른 차원을 발견한 사람이었습니다. 그 역시 유대전쟁의 참상과 절망을 몸소 겪었을 것이 분명합니다. 그러나 전쟁의 패배에도 불구하고 그의 희망은 꺾이지 않았습니다. 그리스도의 삶과 죽음과 부활을 경험한 그는 이미 다른 희망을 발견하였기 때문입니다. 그는 민족이라는 경계를 넘어 모든 인간을 향한 하나님의 구원을, 지금까지 상상조차 못해봤던 다른 차원의 구원을 발견했습니다. 그리하여 시몬은 조국의 투사에서 예수의 투사로 거듭났습니다. 유대교의 열심당원이 평화와 사랑으로 무장한 예수의 열심당원이 된 것입니다. 다대오에 대한 전설에서도 소개했듯이 시몬은 페르시아 선교 중 다대오와 함께 순교를 당했다고 전해집니다. 이때 시몬은 몽둥이에 맞아 죽은 다대오와 달리 거꾸로 매달려 사타구니부터 머리까지 톱으로 육신이 두 동강 나는 끔찍한 처형을 당했다고 합니다. 역설적이게도 폭력을 따라 살다가 마침내 폭력을 버린 시몬은 흥분한 군중들에 의해 가장 처참한 폭력의 죽음을 맞게 된 셈입니다. 상상컨대 시몬은 자신들을 향한 군중들의 흥분을 바라보면서, 과거 자신의 흥분을 닮은 그들의 흥분을 바라보면서, 조용하고 평안한 미소를 지으며 순교의 길을 걸었을 것만 같습니다.

PART 11
야고보와 요한

야고보와 요한,
그들의 마지막 이별

부활의 기쁨을 기대하며

(헤롯대왕의 손자 헤롯 아그립바 1세는 자신의 영향력 확장을 위하여 백성에게 큰 영향을 미치는 바리새인들의 지원이 필요했습니다. 그들의 호감을 얻기 위해 헤롯 아그립바는 예수의 제자들, 특히 수제자들의 체포를 시도합니다. 마침내 헤롯 아그립바의 수하들이 야고보와 요한의 거처를 알아내어 그들을 덮칩니다.)

"자, 이렇게 있다가 다 잡혀서는 안 돼. 둘 다 도망가기는 불가능하니 적어도 우리 둘 중 하나는 도망을 가야지. 요한아, 서둘러 이곳을 떠나거라."

"아닙니다. 야고보 형님이 가셔야죠. 제가 체포되어 시간을 끌 테니 형님은 그 틈을 타서 얼른 도망가십시오."

"아우야, 내가 또 옛 성질을 부려야겠냐? 사태를 똑바로 봐. 지금은 감상적으로 형님 먼저 아우 먼저 할 때가 아냐. 저들은 우리 주님의 복음이 전해지는 것을 방해하기 위해 이 운동의 우두머리를 잡아들이려는 거야. 최우선의 목표물이 바로 너와 나, 그리고 베드로인 거지. 우리 셋이 주님과 가장 가까웠으니까. 헤롯 아그립바는 바리새인들에게 자신의 능력과 호의를 보여주기 위해서라도 먼저 우리 셋을 잡으려고 혈

안이 돼 있을 거다. 여기도 이렇게 들이닥쳤으니 아마 베드로 역시 금방 잡힐 거야. 그리고 이번에 잡히면 심문이나 매질 정도로 끝나진 않을 거다. 본보기가 필요하겠지. 이 운동의 기세를 꺾기 위해서 제일 먼저 잡힌 지도자를 어떻게든 죽이려고 들 게 틀림없어. 그러니 둘 다 죽을 필요는 없어. 순교자는 하나면 충분하니까. 나머지 한 명은 끝까지 맡겨진 사명을 계속해야 해."

"그렇다면 더더욱 제가 남아야겠습니다. 형님께서 그 사명을 완수해 주세요."

"요한아, 내가 너를 보내려는 건 단순히 내가 동생을 보호하고 돌봐야 할 형이라는 위치에 있기 때문이 아니다. 넌 어려서부터 언제나 나보다 총명했어. 아버지와 함께 운영하던 갈릴리의 고기잡이 사업도 장부는 다 네가 관장했을 만큼 넌 글에도 해박하고 이치에도 밝았지. 너는 우리 집안의 등불이었어."

"그게 제가 가야 할 이유가 되나요?"

"물론이지. 주님께서 베드로와 더불어 너와 나를 다른 형제들보다 각별히 사랑하신 건 잘 알지?"

"그걸 어떻게 잊을 수 있겠어요. 아무 것도 모르고 혈기만 가득한 데다 세상 욕망까지 가득했는데도 주님은 우리 형제를 특별하게 사랑해 주셨죠. 주님이 마시는 잔과 받으시는 세례도 받을 수 있다고, 그땐 정말 뜻도 모르고 큰소리쳤던 오만방자한 말을 어쩌면 이제야 제대로 실천할 수 있을 것 같아 전 기쁘기까지 합니다. 그러니 제가 저들을 맞겠습니다."

"그래, 주님은 정말 베드로와 너와 나를 특별하게 여기셔서 다른 형제들은 경험하지 못한 일들을 함께 겪도록 해 주셨지. 회당장 야이로의 딸을 살리셨을 때의 일, 기억하지? 숨이 막힐 정도로 놀라운 그 일을 주님은 우리 셋만 직접 볼 수 있도록 허락해 주셨어. 나머지 형제들이 얼마나 부러워했는지 기억나지?"

"맞아요. 열 번, 백 번, 아무리 반복해서 얘기해도 얘기할 때마다 그 현장의 흥분이 고스란히 되살아났죠. 부러워하던 형제들의 표정이 아직도 눈에 선해요."

"그뿐인가, 산 위에서 하나님의 빛으로 가득한 영광된 모습을 보여 주신 것도 우리 셋에게만이었어. 너무 놀라 횡설수설하던 베드로의 말과 어쩔 줄 몰라 하던 우리 행동 하나하나도 생생하게 기억나는구나."

"맞아요. 그리고 겟세마네에서 기도하실 때도 우리 셋만 데리고 가셨죠."

"그래, 그래. 바로 그렇기 때문에 네가 살아남아야 하는 거다."

"네? 야고보 형님, 그게 무슨……."

"오늘 잡힐 사람은 반드시 처형될 것이고, 베드로 역시 그 운명을 벗어나지는 못할 거야. 베드로는 우리 셋 중에서도 가장 주님과 가까웠으니까. 예수의 수제자를 저들이 살려둘 리가 없지. 그의 죽음도 시간문제일 뿐이야. 그렇다면 우리 셋만 알고 있는 주님에 관한 무수한 얘기들을 대체 누가 전해줄 수 있을까? 우리 셋이 다 죽는다면 그 일들은 모두 묻혀 버릴 거다. 그것도 주님이 겪으신 가장 내밀한 일들이 말이야. 그래선 안 되지. 누군가 남아서 그 소중한 일들을 모두 꼼꼼하고 정확하게 남겨서 다른 이들에게 전해주어야 해. 그걸 제일 잘 할 수 있는 사람이 우리 셋 중에 누구겠니? 그게 너라는 사실은 너조차도 부정할 수 없을 거다. 그러니까 우리 중에선 네가 살아남아야 해."

"두 사람의 순교를 보면서 혼자 살아남으라니, 이건 너무 가혹합니다. 야고보 형님."

"맞아, 그건 정말 가혹한 일이지. 가장 힘든 일이고. 아마 나라면 할 수 없을 거다. 제일 힘든 일을 너에게 맡겨 정말 미안하다, 요한아. 그래도 부디 가장 어려운 이 일을 맡아다오. 살아남아서 주님의 일들을 남김없이 전하렴. 어쩌면 부활하여 하늘에 오르신 주님은 당신의 영으로 다른 일들도 네게 말씀해 주실지 몰라. 살아생전에 우리에게 은밀한 일들을 보여주셨던 것처럼, 그렇게 똑같이 너에게 또 다시 은밀한 일들을 보여주실지 누가 알겠니. 그러니 살아 있으렴. 살아서 사명을 다하렴. 그렇게 눈물 흘리지 말고. 나는 주님이 마신 잔을 지금 마실 수 있게 된 것 같아 너무 행복하구나. 이 행복을 먼저 누리게 되어 또 네게 미안하고."

"네, 형님. 제가 가겠습니다. 제가 살아남아 그 일들을 하겠습니다. 마지막 이별이 아니라 그저 잠시 떨어져 있는 것이라고 생각할게요. 어차피 주님은 곧 다시 오실 테고, 그때 제가 살아 있든 이미 죽었든 우리 눈앞에서 부활하신 주님처럼 부활의 기쁨으로 다시 만나게 될 테니까요."

야고보는 순교하였고,
요한은 보내심을 받은 자의 사명을 이어갑니다.

야고보와 요한

형제는 용감했다

성경 속 야고보와 요한 다시 보기

공관복음서들에 따르면 야고보와 요한 형제는 베드로와 안드레 형제와 함께 예수님의 부르심을 받은 첫 번째 제자들입니다(마 4:18~22; 막 1:16~20; 눅 5:1~11). 형제지간인 야고보와 요한은 두 사람을 따로 떼어놓고 생각할 수 없을 정도로 거의 함께 성경에 등장합니다. 나아가 이 두 형제는 베드로와 더불어 예수님의 특별 제자 삼인방에도 들었던 제자들이었습니다.

늘 함께였던 형제

특이하게도 요한복음에는 야고보와 요한이 전혀 등장하지 않지만, 공관복음서가 전하는 많은 이야기들을 통하여 우리는 이들이 얼마나 예수님과 가까이 있었는지, 결정적으로 중요한 순간들마다 이들이 어떻게 예수님과 함께 이야기에 등장했는지 이미 잘 알고 있습니다.

특별히 베드로와 야고보와 요한, 이 세 사람이 예수님의 특별한 관심을 받고 있었다는 사실은 복음서 곳곳에서 드러납니다. 이 제자 삼총사는 예수께서 야이로의 딸을 살리시는 기적을 직접 볼 수 있도록 허락받은 유일한 제자들이었으며(막 5:37; 눅 8:51), 산에서 예수께서 영광스러운 신적 형상으로 변모하셨을 때 이를 목격한 유일한 제자들이었습니다(마 17:1; 막 9:2; 눅 9:28). 그들은 올리브 산에서 예수님을 따로 만나 종말의 징조를 묻기도 했으며(막 13:3 - 유일하게 이 자리에서만 베드로의 형제인 안드레도 함께합니다), 예수께서 겟세마네 동산에서 마지막으로 기도하실 때 주님은 이 세 사람을 따로 데리고 가시기도 했습니다(마 26:37; 막 14:33). 누가복음은 최후의 만찬이었던 유월절 음식을 준비하기 위해 예수께서 파견하신 두 사람을 베드로와 요한이라고 말합니다(눅 22:8). 특별히 베드로와 요한은 예수님의 부활 이후에 많은 사역을 함께 하였으며(행 3~4장; 8장), 초대교회에서는 '주님의 형제 야고보'와 더불어 교회의 기둥(갈 2:9)이 되는 지도자 역할을 감당한 제자들이었습니다. 이렇게 야고보와 요한 형제는 베드로와 함께 예수님의 제자들 중에서도 특별한 애제자로 신약성경에 각인되어 있습니다.

  같은 형제 제자인 베드로와 비교하여 흥미로운 점은 베드로 역시 안드레라는 형제가 있는데도 베드로와 안드레는 둘이 형제라는 사실조차 인식되지 않을 정도로 함께 있는 모습을 보이지 않는 반면, 야고보와 요한은 떨어질 수 없는 한 쌍의 신발처럼 늘 함께 등장한다는 사실입니다. 그들은 거의 언제나 모든 일을 함께 해왔던, 형제애가 매우 두터운 형제였음이 분명합니다. 그리고 베드로 형제가 아주 다른 성격을 지니고 있었던 반면 야고보 형제는 성격까지도 같았습니다. 이들의 성격은 조용한 안드레와는 대조적인 다혈질 베드로에 가까웠습니다. 예수님의 애제자 삼인방 사이의 친밀함에는 성격상의 동질성도 한몫했을 것이 틀림없습니다.

다혈질 형제

다혈질 성격은 예수님의 수제자 베드로의 가장 두드러진 특징이었습니다. 그는 예수님과 심한 언쟁을 벌이기도 하고, 자신만은 절대로 스승을 부인하지 않겠다고 호언장담을 하다가 세 번이나 배신을 하고는 또 금방 후회하고 통곡하기도 합니다. 물 위로 걷겠다며 호기를 부리다 물에 빠져 살려 달라고 호들갑을 떨기도 하고, 배에서 고기를 잡다가 저기 해변에 부활하신 예수님이 계시다는 말을 듣고는 지체 없이 물로 뛰어들어 헤엄을 치기도 합니다. 이렇게 끓어오르는 피를 주체하지 못하는 사람, 빨리 흥분하고 성급하여 좌충우돌하나 인내심은 부족한 사람을 가리켜 우리는 다혈질(多血質)의 사람이라고 부릅니다. '피가 많다'는 한자어 설명은 이 성격을 너무나 잘 표현해주는 것 같습니다. 야고보와 요한 형제는 베드로 못지않게 다혈질이었습니다.

이 형제가 얼마나 다혈질이었는지를 가장 잘 보여주는 장면은 누가복음 9장의 묘사입니다. 사마리아의 한 마을에서 예수께서 배척을 받으셨을 때 그들은 주님께 이런 말을 했을 정도였습니다. "주님, 하늘에서 불이 내려와 그들을 태워 버리라고 우리가 명령하면 어떻겠습니까? (눅 9:54, 새번역)" 자신들을 받아들이지 않는 마을 사람들을 불로 태워 버리겠다니, 그들은 조금만 무시를 당해도 화를 참지 못하고 그 분을 몇 배로 되갚아주어야 직성이 풀리는 성격의 사람들이었던 것입니다. 뿐만 아니라 그들은 질투심도 강했습니다. 언젠가 자신들과 함께 예수님을 따르지 않는 사람이 예수의 이름으로 기적을 행사하는 것을 보고는 그렇게 하지 못하도록 방해하기도 합니다(막 9:38; 눅 9:49). 질투심에 더하여 명예욕도 만만치 않았던 것 같습니다. 오직 자신들만이 예수의 인정받은 제자이며 스승의 이름을 사용할 수 있다는 의식은 나중에 특권의식으로 발전됩니다. 그리하여 예루살렘 입성을 앞둔 시점에 그들은 예수님께 요구합니다. "선생님께서 영광을 받으실 때에, 하나는 선생님의 오른쪽에, 하나는 선생님의 왼쪽에 앉게 하여 주십시오(막 10:37, 새번역)." 이 말을 듣고 나머지 열 제자들이 화를 냈다고 성경은 전합니다. 그러니까 이 요구는 예수님을 따로 만나 드린 부탁이 아니라 모든 제자의 면전에서 했던 것입니다. 그들은 다른 열 명의 제자들 앞에서도 당당하게 자신들은 그럴 만한 자격이 있다고 굳게 믿었습니다.

　　이 모든 예는 야고보와 요한이 부활을 체험하고 성령을 받은 후 겸손을 몸에 입기 전까지 얼마나 다혈질에 안하무인이었는가를 명백하게 보여줍니다. 이 모든 점과 관련하여 예수님은 친히 그들에게 '보아너게', 즉 '천둥의 아들'이라는 별명을 지어주십니다(막 3:17). 언제나 끈끈한 형제애를 과시한 야고보와 요한은 말 그대로 천둥처럼 우르릉거리는 사람들이었습니다.

끈끈한 가족

　　야고보와 요한은 형제애만 끈끈했던 것이 아니라 부모와의 관계 역시 유별나게 끈끈했던 것 같습니다. 성경에서 야고보와 요한을 언급할 때 이 둘은 거의 언제나 '세베대의 아들들'로 불립니다. 야고보와 요한은 우리가 그들의 아버지의 이름을 확실하게 알고 있는 거의 유일한 제자들입니다. 물론 이들 이외에도 제자들 중에는 간혹 누군가의 아들로 불리는 제자들이 있긴 합니다. 예를 들어 야고보가 알패오의 아들로 불린다거나, 가롯이 아닌 유다가 야고보의 아들로 불린다거나, 시몬 베드로가 요한의 아들(=바 요나)로 불리는 것과 같은 경우입니다. 하지만 이런 예들은 대부분 동명이인의 혼동을 피하기 위한 수단으로 아버지의 이름을 언급했을 뿐입니다. 실제로 앞에 언급된 시몬, 야고보, 유다는 모두 같은 이름으로 두 명씩 존재하는 제자들입니다. 그러나 야고보와 요한의 경우는 이와 다릅니다. 야고보와 요한은 서로 형제라는 사실만 언급해도 다른 제자들과 혼동할 가능성은 전혀 없기 때문입니다. 그런데도 복음서들은 두 형제 제자를 언급할 때마다 아버지인 '세베대'의 이름을 함께 언급하며, 심지어 두 사람은 야고보와 요한이라는 이름 없이 '세베대의 아들들'로만 불리기도 합니다(마 20:20; 26:37; 27:56; 요 21:2).

  더 나아가 야고보와 요한의 아버지 세베대는 이름만 언급되는 것이 아니라 간접적으로나마 실제 복음서의 이야기 속에도 등장합니다. 마가복음에서 예수께서 갈릴리 호숫가에서 첫 제자들을 부르셨을 때 예수님은 시몬과 안드레 형제를 부르신 후 이어서 야고보와 요한 형제를 부르셨습니다(막 1:16~20). 그러자 부르심을 받은 야고보와 요한은 곧바로 예수님을 따라나섭니다. 그때 마가복음은 "그들은 아버지 세베대를 일꾼들과 함께 배에 남겨 두고, 곧 예수를 따라갔다(막 1:20, 새번역)."고 전합니다. 단지 '아버지를 남겨 두고'라고 전할 수 있는데도 마가는 굳이 '아버지 세베대를 남겨 두고'라고 묘사하면서 아버지의 이름을 분명하게 언급합니다.

단순히 동명이인의 구분을 위해서가 아니라 이렇게 자주 성경이 세베대의 이름을 언급하고 예수님의 이야기에서까지 등장시킨 것을 보면, 아마도 야고보와 요한의 아버지인 세베대는 이미 초대교회에 잘 알려진 인물이 아니었을까 하는 추측도 가능해집니다. 어쩌면 세베대는 자신의 아들들과 함께 처음 교회에서 중요한 역할을 담당하고 있었을지도 모릅니다. 더욱 놀라운 것은 야고보와 요한의 아버지뿐 아니라 그들의 어머니 역시 복음서에서 강한 존재감을 보여준다는 사실입니다.

　　야고보와 요한의 어머니는 비록 성경에 이름이 등장하지 않고 '세베대의 아들들의 어머니(마 20:20, 27:56)'로 불릴 뿐이지만 아버지 세베대보다 더 큰 존재감을 발휘합니다. 특별히 예수님의 십자가 처형 장면에서 마태복음과 누가복음은 멀리서 이를 지켜보던 많은 여인들을 언급합니다(마 27:55; 눅 23:49). 이 여인들은 갈릴리에서부터 예수님을 따르며 시중을 들었습니다. 그들 가운데 특별히 마태는 '막달라 마리아'와 '야고보와 요셉의 어머니 마리아'와 더불어 분명하게 '세베대의 아들들의 어머니'를 따로 언급합니다(마 27:56).[1] 예수님을 따르던 수많은 여인들 중 특별히 십자가 장면에서 언급된 세 사람 중 하나이자 막달라 마리아와 같은 비중을 차지하고 있었던 인물로서 야고보와 요한의 어머니가 언급되었다는 사실은 결코 가볍게 흘려 넘길 수 없습니다.

1　앞에서 그녀의 이름이 성경에 등장하지 않는다고 했지만 마태복음 27:56과 똑같은 장면을 묘사하는 마가복음 15:40은 '막달라 마리아'와 '작은 야고보와 요세의 어머니 마리아' 다음에 '살로메'를 언급한다. 만일 마태복음과 마가복음의 보도를 동일한 것으로 볼 수 있다면 그녀의 이름은 '살로메'인 셈이기에 야고보와 요한의 어머니 이름을 살로메로 추정하는 사람들도 있다. 하지만 이런 추정은 정말로 그녀의 이름이 살로메였다면 이미 알고 있는 그녀의 이름을 세베대의 경우와 달리 왜 굳이 단 한 번도 야고보와 요한에 연결시켜 부르지 않았는가에 대한 의문에 해답을 제시하지 못한다는 약점을 지니고 있다.

특별히 마태복음은 이 어머니의 영향력을 꽤 강력하게 묘사합니다. 예루살렘 입성 직전 영광의 때에 예수님의 우편과 좌편에 앉게 해달라는 야고보와 요한의 요청에 대해 마가복음은 이 요청을 형제들이 직접 했다고 묘사한 반면(막 10:35~37), 마태복음은 이 요청을 야고보와 요한이 아니라 그들의 어머니가 하는 것으로 묘사합니다(마 20:20~21). 무엇보다 먼저 마태의 이런 묘사는 이 자리에 열두 제자들 이외에 야고보와 요한의 어머니 역시 함께 있었다는 사실을 전제로 합니다. 그리고 이 전제는 '갈릴리에서부터 예수를 따라다닌 여자들(눅 23:49, 새번역)'이 있었다는 진술과도 일치합니다. 마태복음은 예수님 주변에는 열두 명의 제자들밖에 없었을 것이라는 우리의 선입견에 대해 거기에는 야고보와 요한의 어머니를 포함하여 많은 여성들도 함께 있었다는 사실을 일깨워줍니다. 그리고 마태는 갈릴리에서부터 예수님을 따라온 야고보와 요한의 어머니가 예수님의 마지막 순간까지, 심지어 제자들은 모두 스승을 버리고 도망갔는데도 십자가의 자리에 함께했었다는 사실도 분명하게 전해줍니다.

예수님을 따라다니던 여인들은 단순히 시중만 든 것이 아니라 재정적인 부담도 감당했습니다. 열두 제자들과 더불어 예수님과 동행했던 여자들에 대한 누가복음의 묘사는 이 점을 분명하게 전해줍니다. "(몇몇 여자들도 예수를 동행하였는데, 막달라 마리아와) 헤롯의 청지기인 구사의 아내 요안나와 수산나와 그 밖에 여러 다른 여자들이었다. 그들은 자기들의 재산으로 예수의 일행을 섬겼다(눅 8:3, 새번역)." 그러므로 야고보와 요한의 어머니가 남편인 세베대의 동의와 지원 없이 재정적인 부담을 감당하며 아들들과 함께 예수님을 따라다니는 것은 불가능했을 것입니다. 형제의 부모는 일심으로 예수님을 지원했을 것이고, 특별히 재정적인 지원은 예루살렘 입성을 앞두고 어머니가 아들에 관해 예수님께 과감하게 요구할 수 있었던 근거 중 하나였을 것입니다. 이처럼 야고보와 요한은 형제끼리의 결속뿐 아니라 부모를 포함한 가족 간의 결속력이 매우 강했던 것처럼 보입니다. 이 가족의 결속력이 예수님을 따라다녔을 때뿐 아니라 부활 이후에도 거듭난 믿음으로 더욱 강화되어, 초대교회의 든든한 믿음과 섬김의 가족으로 굳건히 자리 잡았을 것이라는 상상은 즐겁고 은혜로운 신앙의 상상이 아닐 수 없습니다.

천둥 같은 울림을 남긴 형제 - 첫 번째 순교자와 성경의 기록자

예수님 생전에 야고보와 요한은 떼려야 뗄 수 없었던 형제였지만 부활 이후의 두 사람은 너무나 다른 길을 걸었습니다. 두 사람에 관한 성경 이야기와 전설을 종합해볼 때 죽음만을 놓고 보더라도 야고보는 모든 제자 중 가장 빨리 이른 순교의 죽음을 맞이한 반면, 전설에 따르면 요한은 모든 제자 중 유일하게 순교 당하지 않고 천수를 누린 후 자연사한 것으로 알려졌기 때문입니다.

먼저 사도행전은 야고보의 순교를 다음과 같이 전합니다. "이 무렵에 헤롯 왕이 손을 뻗쳐서, 교회에 속한 몇몇 사람을 해하였다. 그는 먼저 요한과 형제간인 야고보를 칼로 죽였다(행 12:1~2, 새번역)." 야고보의 죽음에 대한 사도행전의 묘사는 예수님의 열두 제자들 중 유일하게 그 순교가 신약성경에 기록된 사례입니다. 다른 모든 제자들의 순교가 다양한 버전의 전설들로 전해지는 것에 비해 야고보의 순교만은 분명한 사실로 성경에 기록되어 전해집니다. 이유는 그의 순교가 초대교회 초기에 발생한 사건이기 때문일 것입니다.

누가는 야고보를 처형했던 인물을 '헤롯 왕'이라고 말합니다. 성경에는 헤롯이라는 동명이인의 왕들이 많이 등장하는데 이 사건에 언급된 헤롯 왕은 예수님이 태어나셨을 당시 유아들을 학살했던 헤롯 대왕도 아니고, 예수께서 활동하실 때 갈릴리를 통치했으며 세례 요한을 처형했던 분봉왕 헤롯 안티파스도 아닙니다. 이 헤롯 왕은 헤롯 대왕의 손자인 헤롯 아그립바 1세로 바리새인들의 환심을 사기 위해 교회를 박해하고 야고보를 죽였던 인물입니다. 헤롯 아그립바 1세는 그리스도교 교회의 가장 중요한 지도자들을 색출하여 이 새로운 종교 운동을 근원부터 뿌리 뽑으려 했습니다. 그렇게 야고보를 처형한 헤롯 왕은 마침내 베드로까지 처형하기 위해 체포하였지만 하나님의 기적적인 개입으로 베드로의 처형은 실패하고 말았습니다(행 12:3~19). 이것은 베드로와 야고보와 요한이 대내적으로 뿐 아니라 대외적으로도 명실상부한 교회의 지도자였다는 사실을 방증하는 사건이기도 합니다.

야고보가 처형당한 이후 교회는 이 위대한 사도에게 지위에 걸맞은 전설을 부여했습니다. 역사적으로는 신빙성이 희박한 야고보의 스페인 선교를 그의 순교 전 사건으로 설정하면서 스페인 땅을 야고보의 성지로 만든 것입니다. 전설에 따르면 예루살렘에서 참수당한 야고보의 시신을 실은 빈 배가 그가 선교여행을 다녀왔던 이베리아 반도까지 떠내려갔다고 합니다. 이때 시신과 배에 가리비가 잔뜩 달라붙어 시신이 조금도 손상되지 않은 채로였다고 하지요. 이 전설을 따라 가리비는 사도 야고보의 상징이 되었고, 그의 유해는 스페인 땅에 안치된 것으로 믿어졌습니다. 가톨릭교회는 현재 '산티아고 데 콤포스텔라(Santiago de Compostela)' 성당에 야고보의 유해가 안치되었다고 믿습니다. 이 성당까지 이어지는 긴 순례의 길은 산티아고 순례길이라 불리며 가톨릭신자들뿐 아니라 다양한 교파의 많은 그리스도인들에게 사랑받고 있습니다.(참고로 '산티아고'는 '성 야고보'의 스페인식 표기입니다.)

형과는 다르게 동생 요한은 천수를 누리다 AD 100년경 90세의 나이로 생애를 마친 것으로 전해집니다. 물론 전설에 따른 것입니다. 전통적으로 교회는 사도 요한을 요한복음과 요한서신(요한일서, 요한이서, 요한삼서)과 요한계시록의 저자로 알고 있었습니다. 특별히 요한복음과 요한서신은 신학적으로 밀접한 관계를 맺는 것으로 여겨집니다. 하지만 현대에 와서는 많은 역사적 자료와 학문적 연구를 바탕으로 사도들의 이름을 저자로 삼은 복음서들의 실제 저자는 알 수 없다는 입장이 일반적입니다. 애초에 복음서 내에서는 그 어디에서도 저자의 이름을 발견할 수 없고 지금 우리가 알고 있는 마태, 마가, 누가, 요한 등의 저자 이름을 담은 복음서 제목들은 후대에 붙여졌기 때문입니다. 이 사정은 역시 저자의 이름이 언급되지 않은 요한서신서들에도 마찬가지입니다. 유일하게 요한계시록에만 '요한'이라는 저자의 이름이 언급되지만, 여러 가지 학문적인 이유들을 근거로 성서학자들은 이 요한계시록의 '요한'을 예수님의 제자인 사도 요한으로 보는 데에는 무리가 있다고 생각합니다. 하지만 어찌 되었든 처음 교회는 사도 요한을 요한복음과 요한서신, 요한계시록의 저자로 받아들이고 믿었습니다. 따라서 이 믿음을 존중하여 사도 요한을 '요한'의 이름이 포함된 성경들의 저자로 상정한다면 우리는 그의 삶에 대해 다음과 같은 상상을 펼칠 수도 있을 것입니다.

형의 이른 순교를 뒤로 한 채 요한은 계속 삶을 이어갑니다. 각별한 형제애를 지녔던 사이이니만큼 비극적인 상실의 고통 역시 각별했을 것입니다. 그럼에도 불구하고 아픔을 지닌 채로 요한은 보내심을 받은 자의 사명을 이어갑니다. 처음에는 베드로와 함께 초대교회의 지도자 역할을 감당하기도 했지만 그의 중심 사역은 선교보다는 진리를 기록으로 남기는 일이었을 것입니다. 형인 야고보와 동향 친구인 베드로가 순교를 당한 이후, 그리고 형제와도 같은 많은 사도들이 차례로 순교를 당한 이후에도, 홀로 살아남은 요한은 먼저 죽임을 당한 이들의 목숨의 무게를 어깨에 짊어지고 진리를 남기는 일에 전념합니다. 그리고 먼 훗날, 노년의 사도는 믿는 자들에게 임하는 전면적인 박해를 바라보며 주님의 환상으로 신자들을 위로합니다. 그렇게 그는 보내심을 받은 자의 사명을 마침내 완수합니다.

다혈질에 세속적 욕망덩어리였던 형제가 모두 각자의 방식으로 용감하게 삶을 마감합니다. 천둥의 아들들답게 각자의 방식대로 천둥 같은 울림을 남긴 형제들이라니, 참으로 아름다운 상상이 아닐 수 없습니다.

나오며

막달라 마리아,
부록 또는 결론

　　제자라는 말은 스승의 가르침을 배우는 사람들을 의미합니다. 사전을 찾아보아도 '제자'라는 항목에는 "스승에게 가르침을 받거나 받은 사람"이라는 설명이 등장합니다. 사정은 신약성경의 언어 헬라어에서도 다르지 않습니다. 제자를 뜻하는 μαθητής마테테스 역시 '배우다'라는 헬라어 동사에서 파생된 명사입니다. 즉 제자란 일차적으로 그리고 본질적으로 배우는 사람을 뜻합니다.

　　하지만 왠지 예수님과 관련해서는 이 제자가 '배우는 사람'이라기보다 '따르는 사람'이라는 느낌이 더 강하게 듭니다. 아무래도 제자들을 가르치신 이야기보다는 따르라는 명령을 하신 이야기가 성경에 더 자주 더 강렬하게 등장하기 때문일 것입니다. 하지만 앞서도 말했듯이 제자의 주된 일은 배우는 것입니다. 그리고 이것이야말로 제자 됨의 본질이요 정체성입니다. 그러니까 예수의 제자들이란 예수님을 그저 따라다니기만 한 사람들이 아니라 따라다니면서 예수님의 행동과 말을 통해 배우는 사람들입니다. 그리고 따름 역시 배움을 위한 것입니다. 이런 의미에서 제자들을 향해 "나를 따르라!"던 예수님의 부름은 보다 정확하게는 '나를 따르며 배우라'는 의미일 것입니다. 이 의미는 예수님 당시뿐 아니라 지금도 결코 다르지 않습니다.

성경은 예수께서 특별히 열두 명의 제자들을 따로 세우셨다고 전하고 있습니다. 하고 많은 숫자 중 12라는 숫자가 성경에서 상징하는 바는 명확합니다. 잘 알려진 바와 같이 구약성경에서 후에 '이스라엘'이라는 이름을 얻은 야곱의 열두 아들들은 전체 이스라엘을 구성하는 열두 지파의 근원이 되었습니다. 열두 지파는 옛 이스라엘을 대표하고, 이 의미를 계승한 예수님의 열두 제자는 새 이스라엘을 대표합니다. 창세기에서부터 요한계시록까지 이스라엘을 대표하는 열두 지파와 그리스도의 교회를 대표하는 열두 제자는 성경에 깊이 각인되어 있습니다. 이처럼 예수님의 열두 제자는 이스라엘 열두 지파를 계승하면서 예수 그리스도의 피로 세워진 새로운 계약 속에 탄생한 하나님의 나라의 초석이 되는 상징적인 존재들입니다. 이에 걸맞게 요한계시록은 새 예루살렘에 대한 환상에서 성의 열두 대문에는 이스라엘 자손 열두 지파의 이름이 적혀 있고(계 21:12), 성벽의 열두 주춧돌에는 열두 사도의 이름이 적혀 있다(계 21:14)고 묘사합니다. 예수님의 다음과 같은 선언은 이스라엘 열두 지파를 계승하면서 동시에 이를 능가하는 열두 제자들의 지위를 상징적으로 보여줍니다. "내가 진정으로 너희에게 말한다. 새 세상에서 인자가 자기의 영광스러운 보좌에 앉을 때에, 나를 따라온 너희도 열두 보좌에 앉아서, 이스라엘 열두 지파를 심판할 것이다(마 19:28, 새번역)."

이렇게 제자들의 수 12는 고유한 의미를 지니게 되었고, 마침내는 보통명사가 아닌 고유명사가 되기에 이르렀습니다. 그리하여 신약 성경은 열두 제자들을 가리킬 때 '열두 제자'가 아니라 그저 '열둘'이라고 숫자로만 지칭하기도 합니다.(마태복음 10:5에서처럼 '열둘'을 그대로 살려 번역한 곳도 있긴 하지만, 우리말 성경의 번역은 많은 곳에서 '열둘'을 '열두 제자'로 번역하고 있어 이 점이 잘 드러나지 않는 경향이 있습니다.) 이후 교회 안에서 12는 점점 더 배타적이며 범접할 수 없는 숫자가 되어갔고, 특별히 열둘이라는 숫자에 들게 된 제자들은 다음과 같이 '사도(ἀπόστολος아포스톨로스=apostle)'라는 칭호를 더불어 얻게 되었습니다. "예수께서 자기의 제자들을 부르시고, 그 가운데서 열둘을 뽑으셨다. 그는 그들을 '사도'라고도 부르셨다(눅 6:13, 새번역)." 이로 인해 성경에서는 '보내심을 받은 사람'이라는 일반적인 뜻의 '사도'가 좁은 의미에서 오직 열두 명의 제자들만을 가리키는 용어로 사용되기도 했습니다. 이렇게 '예수님의 열두 사도'는 자연스럽게 교회 안에서 '예수님의 열두 제자'를 대체하는 말이 되어갔습니다.

점점 더 공고해진 숫자 12에 대한 집착은 열두 명 중 결원이 된 가룟 유다 대신 맛디아를 뽑은 사건에서 가장 극명하게 드러납니다. 배신자 가룟 유다로 인해 거룩한 수 열둘이 무너졌을 때, 남은 '사도들'은 숫자 12를 지키기 위해 다른 한 명을 제자로 뽑아 열둘을 충원했습니다. 그의 이름은 맛디아였고, 맛디아 역시 선출되고 난 후부터는 다음과 같이 일명 '사도'로 계산될 수 있는 자격을 얻게 되었습니다. "그들에게 제비를 뽑게 하니, 맛디아가 뽑혀서, 열한 사도와 함께 사도의 수에 들게 되었다(행 1:26, 새번역)." '사도의 수', 결정적으로 중요한 것은 숫자였던 것입니다. 이때 맛디아를 뽑은 기준을 살펴보면 우리는 예수님을 늘 곁에서 따라다녔던 제자들이 최소 열두 명이 넘었다는 사실을 발견하게 됩니다. 사도행전은 가룟 유다를 대체할 제자의 선출 기준을 다음과 같이 묘사하기 때문입니다. "주 예수께서 우리와 함께 지내시는 동안에, 곧 요한이 세례를 주던 때로부터 예수께서 우리를 떠나 하늘로 올라가신 날까지 늘 우리와 함께 다니던 사람 가운데서 한 사람(행 1:21~22, 새번역)." 맛디아가 갖춘 자격은 열두 제자와 하등 다를 바가 없었습니다. 맛디아 이외에도 요셉이라는 제자가 이 기준을 충족시켰다고 하니, 예수님과 동행했던 제자들이 오직 열두 명에만 국한된 것은 아니라는 사실이 분명해집니다. 뿐만 아니라 야고보와 요한의 이야기에서도 보았듯 예수님의 일행에는 열둘 이외에도 재정적으로 일행을 지원하며 함께 따라다니던 여성들도 있었습니다.

결론적으로 말하자면, 12라는 숫자가 지니는 의미는 매우 컸으나 숫자의 상징성에만 집착하다 보니 안타깝게도 많은 예수님의 제자들이 그 숫자에 가려 지워지고 말았습니다. 열둘이라는 숫자를 채운 이후로 맛디아는 단 한 번도 성경에 다시 등장하지 않습니다. 새롭게 선출된 사도로서의 그의 유일한 공적이 12라는 숫자를 채웠다는 것이라는 사실은 열둘이라는 숫자에 대한 고정관념이 얼마나 확고했는가를 분명하게 보여줍니다.

숫자 너머의 제자들을 보기 위한 시도 (1) - 바울

열둘이 지니는 거룩하고 상징적인 의미는 심대했습니다. 하지만 이에 대한 강조가 지나쳐 교회의 역사 속에서 열둘에 가려진 예수님의 참 제자들의 존재를 지워버리는 폐단을 낳기도 했습니다. 이렇게 폐쇄적이고 제한적인 '열둘'에 대한 문제는 이미 처음 교회 내부에서도 다양한 방식으로 제기되었습니다. 이 문제 제기에 대한 선발주자는 바로 사도 바울이었습니다.

바울은 거의 모든 편지에서 자신을 '사도'라고 소개합니다. 이것은 어떤 사람들이 흔히 폄하하여 추정하는 것처럼 예수님의 열두 제자에 들지 못한 바울의 열등감을 표현한 행동이 아니었습니다. 바울은 자기 자신을 '사도'라고 부름으로써 '사도'라는 명칭이 열두 명의 제자들에게만 제한적으로 사용되는 것을 반대했던 것입니다. 그는 만일 '사도'가 '보내심을 받은 사람'을 뜻한다면 이 말이 결코 열두 명의 제자들에게만 한정될 수 없다고 생각했던 것 같습니다. 바울은 스스로를 하나님께서 파송한 사람으로 인식했습니다. 그리하여 자신뿐 아니라 하나님의 일을 감당하는 모든 사람을 기꺼이 사도로 불렀습니다. 바울은 이 사도에 여성도 포함시켰습니다. 남성우월적인 당시 사회 속에서 바울은 여성도 열두 남성 사도 못지않게 사도에 들어갈 자격이 충분하다고 선언한 것입니다. 이와 관련하여 '유니아스-유니아 논쟁'에 대한 흥미로운 교회사 이야기를 나눠보는 것도 의미가 있습니다.

로마서 마지막 장에서 바울은 로마의 교인들에게 안부를 전합니다. 이때 바울은 로마서 16:7에서 "나의 친척이며 한 때 나와 함께 갇혔던 안드로니고와 유니아에게 문안하여 주십시오. 그들은 사도들에게 좋은 평을 받고 있고, 나보다 먼저 그리스도를 믿은 사람들입니다(새번역)."라고 말합니다. 이때 '사도들에게 좋은 평을 받고 있는 사람들'이라는 다소 오역에 가까운 번역은 '사도들 가운데 유명한 사람들'로 바르게 정정할 필요가 있습니다. 즉 바울은 안드로니고와 유니아 역시 사도로 칭했던 것입니다. 바로 여기서부터 교회사 내의 해묵은 논쟁이 발생했습니다. 우리말 성경은 별 뜻 없이 여자 이름 '유니아'로 번역했지만 헬라어 원문에서는 이 이름이 여자 이름 '유니아'일 수도 있고 남자 이름 '유니아스'일 수도 있기 때문입니다. 그리하여 가부장적 분위기가 지배하고 있었던 옛 교회는 끊임없이 이 이름을 '유니아'가 아니라 '유니아스'라 읽으려 시도했으며, 그 결과 현재 수많은 서양의 성경번역이 그 이름을 '유니아스'로 번역하고 있습니다. 이것은 명백히 사도 중에는 여자가 있을 수 없다는 선입견에 근거한 선택입니다. 하지만 로마서 16:3의 '브리스가와 아굴라'처럼 '안드로니고와 유니아' 역시 부부 사역자로 보는 것이 자연스럽고 논리적입니다. 그리고 이때 유니아는 여자였던 것이 분명합니다. 다행히 지금에 와서는 다시 유니아라는 이름이 복권되고 있는 추세입니다. 바울에게는 유대인이든 헬라인이든, 종이든 자유인이든, 남자든 여자든, 하나님의 파송을 받은 사람이라면 모두가 사도였습니다.

숫자 너머의 제자들을 보기 위한 시도 (2) - 요한복음

바울이 특별히 '사도'의 정의를 열둘이라는 숫자의 틀을 깨고 모든 하나님의 사역자들로 확장시켰을 때, 남자들로만 구성되었던 열두 제자의 남성중심주의 틀을 깨려는 시도도 있었습니다. 뜻밖에도 그것은 가장 늦게 쓰인 복음서에서 나타났는데, 바로 요한복음입니다. 열두 명의 남성 제자들 이외에도 예수님의 전 생애를 함께 따라다닌 여성들이 있었습니다. 그런데도 사람들은 이 여자들을 제자라고 부르지 않았고, 공관복음서들이 그랬던 것처럼 십자가 장면 이외에서는 거의 보이지 않게 만들었습니다. 십자가 자리에 있었던 것이 모두 여자들뿐이었다는 사실은 이 여자들이 남자 제자들 열둘보다 훨씬 용감하고 스승에 대한 의리를 더 확실하게 지켰던 사람들이었음을 보여줍니다. 그럼에도 불구하고 교회는 처음의 혁명적인 복음의 사상에서 벗어나 당시의 가부장적인 사회 분위기에 편승하며 남성을 우월하게 생각하는 경향으로 다시 경도되기 시작했습니다. 그 결과 교회는 여성에게 제자라는 직위를 부여하는 것에 몹시 인색한 모습을 보여주었습니다. 예를 들어 사도행전에서 맛디아를 선출할 때, 후보자의 조건 중에는 '남자'라는 조건도 있었습니다. "주 예수께서 우리와 함께 지내시는 동안에, 곧 요한이 세례를 주던 때로부터 예수께서 우리를 떠나 하늘로 올라가신 날까지 늘 우리와 함께 다니던 사람 가운데서 한 사람"에서 '우리와 함께 다니던 사람'의 정확한 헬라어 번역은 '우리와 함께 다니던 남자들'입니다. 엄연히 여성 제자들도 존재했겠지만, 열둘이라는 중요한 자리에는 애당초 여성을 뽑을 생각이 없었던 것입니다. 이러한 상황 속에서 요한복음의 저자는 놀랍게도 이런 생각에 의문을 제기하고, 무시당하는 여성 제자들을 위해 반항의 깃발을 들고 일어난 것처럼 보입니다.

  요한복음에는 열두 제자들에 대한 중요성 자체가 매우 희석되어 있습니다. 일단 공관복음서들에는 모두 있는 열두 제자들의 명단이 등장하지 않습니다. 소명과 파송의 이야기도 없습니다. 이에 따라 특별한 열두 명이라는 경계가 타 복음서에 비해 현저히 약화되었습니다. 또한 특별히 요한복음에만 등장하는 '예수께서 사랑하시는 제자'는 많은 자리에서 수

제자 베드로를 그늘 속에 가려지게 만듭니다. 하지만 요한복음의 저자는 이처럼 열둘이라는 경계를 약화시키는 것뿐 아니라, 더욱 대담한 시도로 나아갑니다. 바로 자신의 복음서에 여성 제자들을 부각시키는 것입니다.

가장 눈에 띄는 예는 바로 "당신은 그리스도요, 하나님의 아들이십니다(마 16:16)."라는 베드로의 고백입니다. 마태복음은 빌립보 가이사랴에서의 이 고백으로 베드로가 교회의 기초가 되었고 천국의 열쇠를 지닌 명실상부한 수제자가 되었음을 공포했습니다. 하지만 똑같은 고백을 요한복음은 베드로가 아니라 나사로의 누이인 마르다가 하는 것으로 묘사합니다(요 11:27). 그리고 마르다가 자매인 마리아에게 도착하신 예수님의 소식을 전하며 "선생님께서 너를 부르신다(요 11:28)."고 말하는 장면은 그녀들과 예수님이 서로 사제지간이었다는 사실을 보여줍니다. 또한 요한복음은 십자가 처형의 장면에서 공관복음서들이 남자 제자들은 도망가고 여인들이 멀리서 지켜보았다고 보도한 것에 비해, 다음과 같이 십자가 바로 아래 네 명의 여인들이 있었다고 전합니다. "그런데 예수의 십자가 곁에는 예수의 어머니와 이모와 글로바의 아내 마리아와 막달라 사람 마리아가 서 있었다(요 19:25, 새번역)." 예수님을 십자가에 못 박고 그의 옷을 나눠가진 네 명의 폭력적인 남성 군인들(요 19:23~24)과 강력하게 대조되는 네 명의 여성들이 예수님의 십자가 바로 곁에 있습니다. 그러므로 적어도 요한복음에서만큼은 예수님이 외롭게 최후를 맞이하시지 않은 셈입니다. 이 네 명의 여인 중에서도 요한복음은 특별하게 '막달라 마리아'에 주목합니다. 그녀를 예수님의 부활에 대한 첫 번째 결정적 증인으로 내세우고 있는 것입니다.

제자 막달라 마리아

갈릴리 호숫가의 도시 막달라 출신의 마리아는 흔히 창녀 출신으로 알려져 있습니다. 하지만 막달라 마리아가 창녀였다는 언급은 성경 그 어디에서도 발견되지 않습니다. 성경은 단지 그녀가 일곱 귀신이 들렸던 여자였다는 사실만 전할 뿐입니다(눅 8:2; 막 16:9). 그런 그녀에 대해 교황 그레고리오 1세는 591년 그의 강론에서 당시 유행하던 선입견을 근거로 막달라 마리아가 창녀였다고 말했습니다. 심지어 교황은 누가복음에 등장하는 예수님의 발에 향유를 부은 죄 많은 무명의 여인(눅 7:37~38)을 막달라 마리아와 동일시하는 상상력까지 발휘했습니다. 그때까지 전해져오던 그녀에 대한 허황된 추문이 교황의 권위로 확정된 것입니다. 그로부터 2016년까지, 다시 그녀가 프란치스코 교황에 의해 '사도 중의 사도'로 복권되고 인정받을 때까지 막달라 마리아는 예수님과 관련된 모든 문학과 예술 작품 속에서 끊임없이 회개한 창녀로 묘사되어 등장했습니다.

그런데 흥미롭게도 막달라 마리아에 대해서는 이런 모욕적인 폄하와는 정반대되는 견해도 함께 존재했습니다. 신약성경의 외경들은 그녀가 베드로를 능가하는 예수의 수제자라고 주장했던 것입니다. 사람들은 그녀가 너무나 뛰어난 제자였기에 베드로를 중심으로 한 남성 교회 권력이 그녀를 질투하여 창녀로 만들었다고 생각했습니다. 심지어 그녀가 예수님의 배우자였다고 주장하는 사람들도 생겨났습니다. 예수님의 생애에 그분과 가장 가까이 있었던 한 여인에 대한 평은 이렇게 극에서 극을 달렸습니다. 그녀를 둘러싼 이 모든 왜곡된 생각을 한 마디로 정리하자면 다음과 같이 말할 수 있습니다. "이단은 그녀를 예수님의 연인으로 만들었고, 정통은 그녀를 창녀로 만들었다."

하지만 네 복음서 중 유일하게 요한복음은 이 모든 오해를 벗어나 막달라 마리아가 예수의 참된 직계 제자였음을 말해줍니다. 요한복음은 그녀를 부활하신 주님을 본 첫 번째 증인으로 전합니다(요 20:11~18). 베드로가 다른 제자들과 함께 집단적으로 부활하신 주님을 목격하는 것에 반해(요 20:19~20) 막달라 마리아는 부활하신 예수님을 독대하여 만납니다. 그때 부활하신 주님을 알아채지 못했던 마리아는 "마리아야!"라고 자신의 이름을 부르는 주님의 목소리로 그분을 단박에 알아봅니다. 그리고 그녀는 곧바로 "라부니!", 즉 "선생님!"이라는 말로 응답합니다. 누군가는 '선생님'을 '주님'보다는 낮은 호칭이라고 폄하할지 모르지만 막달라 마리아가 예수님을 부른 '선생님'이라는 호칭은 두 사람의 관계를 분명하게 보여주는 징표입니다. 예수님과 막달라 마리아 두 사람은 늘 이름으로 부르고 응답했던 관계, 그것도 '선생님'이라고 응답했던 스승과 제자의 관계였던 것입니다. 그녀는 분명 예수님의 직계 '제자'였습니다.

막달라 마리아는 스승의 최후의 순간, 모든 제자가 주님을 버리고 도망갔을 때 홀로 예수님의 십자가 아래에서 스승의 최후를 지켰던 제자이며, 동시에 그분의 영광스런 부활을 최초로 목격하고 주님의 부활을 전하는 사명을 최초로 받은 제자였습니다. 이미 베드로의 수위권이 결정되고 남성 열두 명의 직계 제자 구도가 확고해졌을 시기, 막달라 마리아가 교회에서 자리를 잃어가고 있었을 시절, 요한복음은 그녀를 예수님의 제자 중에 가장 중요한 제자로 복권시킵니다.

열둘이 아닌 막달라 마리아를 제자의 중심에 세움으로써 요한복음은 다음과 같이 분명하게 말하고 있습니다. "제자 됨은 그 어떤 권력이나 제도에 얽매이는 것이 아니며 얽매여서도 안 된다. 예수님을 따르며 배우는 모든 사람은 그가 누구이든 간에 모든 선입견과 세상의 관념을 뛰어넘어 예수님의 제자들이다." 이 말은 결코 열두 제자를 폄하하거나 부정하는 말이 아닙니다. 오히려 요한복음은 이 열두 명의 제자들이 우리와는 본질적으로 다르기에 기리고 숭배해야 할 대상이 아니라, 우리와 동일한 성정을 지닌 우리와 비슷한 사람들이라는 생각으로 우리를 이끌어 줍니다.

성경 안에 생생하게 전해진 열두 제자들의 이야기와 함께, 우리는 저 옛날 예수님을 따랐던 사람들 속에서 우리 자신의 모습을 발견하게 됩니다. 그들의 오해와 실수, 실패와 좌절 속에는 우리가 겪는 모든 것이 함께 담겨 있습니다. 하지만 그들이 그 모든 것을 넘어 마침내 은혜 가운데 주님의 사도로 우뚝 섰던 것처럼, 서툴게 주님을 따르는 지금의 우리 역시 마찬가지로 주님의 사도로 서게 될 날이 반드시 올 것입니다. 그저 주님의 뒤를 따르며 배우기만 한다면, 반드시 그리 될 것입니다.